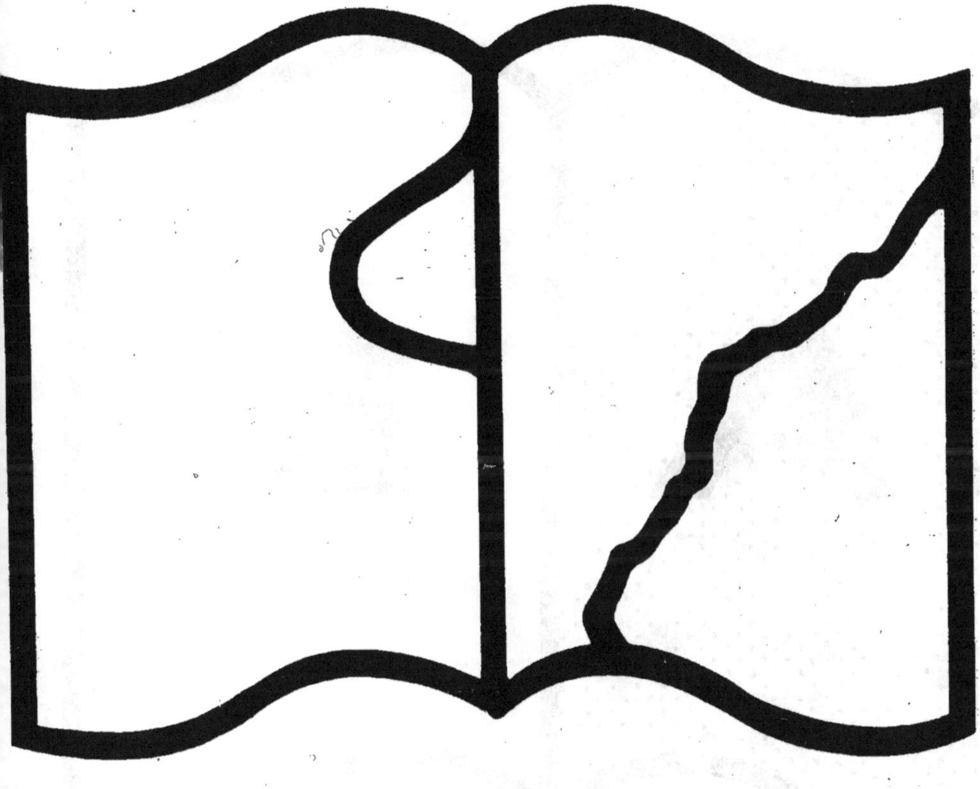

Texte détérioré — reliure défectueuse

NF Z 43-120-11

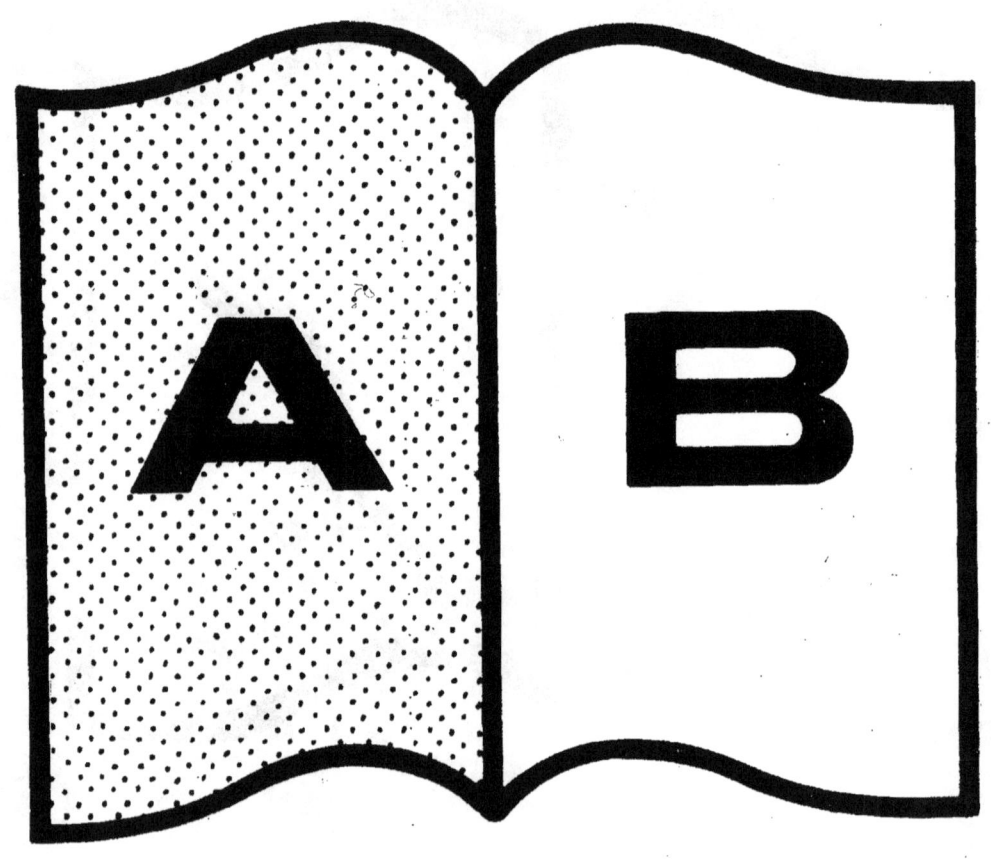

Contraste insuffisant

G 591.
+A.

[103]

LETTRES CVRIEVSES,

OV RELATIONS DE VOYAGES,

Qui contiennent ce qu'il y a de plus rare & de plus remarquable dans l'Italie, la Hongrie, l'Allemagne, la Suisse, la Hollande, la Flandre, l'Espagne & l'Angleterre; les Mœurs de ces Nations differentes, leurs Coustumes & leurs Interests.

Ouurage tres-curieux, accompagné de plusieurs petites Auantures, & Histoires Galantes.

A PARIS,
Chez I. BAPTISTE LOYSON, au Palais, au Cinquieme Pillier de la Grand' Salle, à la Croix d'Or.

M. DC. LXX.
AVEC PRIVILEGE DV ROY.

A MONSIEVR
LE MARQVIS
DE CARMAN,
COMTE DE MAILLE',
Baron de la Foreſt, &c.

ONSIEVR,

Ie ne ſçay d'où vient, que moy qui ay fait quelques Lettres

ã ij

EPISTRE.

sans peine, i'en trouue tant à vous écrire? Et qu'ayant pour vous tout seul plus d'estime, de respect, & de passion que ie n'en ay iamais eu pour personne, ie sçay si peu par où me prendre à vous en témoigner la moindre? Mais, MONSIEVR, quand i'y pense, pourquoy m'étonner de ma peine & de ma crainte? Où sont les Gens qui vous vallent? Où peut-on trouuer à vostre âge tant d'esprit, tant de lumieres, tant d'aquis, & en vn mot tant de merite & si peu de vanité? Vn autre que moy vous parleroit de cette

EPISTRE.

suite de grandes Alliances que l'on peut compter en vostre Maison, & de cette multitude de Sages & de Heros que nos Histoires vantent si fort, & dont la Gloire & le Nom ne sont pas moins vieux que le Monde. Mais pourquoy, MONSIEVR, déterrer tant de Morts, & chercher si loin ce que ie puis trouuer si pres? Qu'ont-ils fait, ces grands & si fameux Heros, que vous n'ayez fait, ou que vous ne deuiez faire un jour? A vostre âge auoient-ils plus veu de Païs Etrangers que Vous? A vostre

EPISTRE.

âge en sçauoient-ils si parfaitement les Mœurs, les Coustumes, la Puissance, les Alliances, les Interests & les Langues? Auoient-ils plus que Vous cette facilité naturelle & agreable de s'expliquer? Cette maniere genereuse de gagner & de conseruer des cœurs; ce Courage intrepide dans les perils, & tout ce qu'il faut enfin pour vous rendre digne de leur gloire, & pour leur donner part à la vostre? Mais, MONSIEVR, tout ce que ie vous dis n'est point tout ce que ie voulois vous dire: Ie pretendois seulement vous

EPISTRE.

parler de moy, sans vous parler de Vous: I'auois dessein de vous exposer cet empire absolu que vous auez sur mon cœur & sur mes inclinations: Ie croyois vous entretenir de ce que peut le respect, l'attache & le plaisir auec lesquels ie suis à Vous, & à tous vos interests. Mais que ie suis abusé de vouloir vous dire ce qui ne se peut comprendre & ce qui ne se peut exprimer! Oüy, MONSIEVR, mon affection ressemble à vostre merite; l'vn & l'autre est sans bornes, & ie comprens bien que ie n'en sçaurois mettre au desir

EPISTRE.
ardent & passionné que i'ay d'estre toute ma vie,

MONSIEVR,

Vostre tres-humble, & tres-obeïssant Seruiteur,

AV LECTEVR

E souhaite de tout mon cœur, que ces Lettres & ces Relations vous plaisent, & qu'elles vous soient vtiles, Lecteur. Si vous y trouuez des fautes contre le tour & la pureté de la Langue, ou contre les Mœurs, les Coustumes & les Lieux dont ie parle, ne m'en accusez point; ie n'ay

AV LECTEVR.

pû sçauoir que ce qu'on m'a appris, & ie n'ay point eu d'autre dessein en les enuoyant en France, que d'obeïr à Carite, & de contenter sa curiosité. A mon retour l'enuie la prit d'auoir tous mes broüillons, & peu à peu celle de vous en faire part. Cent raisons m'ont empesché quelque temps d'y consentir, & ie m'imaginois qu'elles m'en empescheroient toute ma vie; mais le moyen de les croire contre ce qu'on aime, & de pouuoir faire

AV LECTEVR.

ce qu'on veut, quand il s'agist de faire ce qu'il luy plaist?

PORTRAIT
DE L'AVTHEVR,

Fait par Luy-mesme.

JE me resous à me dépeindre, m'imaginant que personne ne s'auiseroit de le faire. Si ie me flate vn peu, qu'on ne s'en étonne point. Bien que ie sçache que toutes les Personnes du monde soient plus aimables que moy, ie n'en connois gueres que i'aime dauantage; & il seroit malaisé que ne pouuant dire du mal de personne, ie pusse faire contre moy, ce que ie ne sçaurois faire contre vn autre. Mon visage témoigne que ie ne suis pas méchant. Mes yeux & mon rire (à ce qu'on m'a dit quelquefois) ne déplaisent

Portrait de l'Autheur.

pas. J'ay le nez grand & gros, la bouche plus grande que petite, les dents blanches & bien rangées. Mon menton qui ferme l'ovale de mon visage, est large: Mes sourcils sont épais, & vn peu plus noirs qu'vne quantité de cheueux qui font vne assez raisonnablement belle teste. Ma taille n'est ny grande, ny petite, c'est à dire ny belle ny laide: Cependant i'aurois reüssi dans tous les Exercices du Corps, si i'auois esté moins paresseux. Mon air est propre, ma voix douce & accordante, mais petite. Ce que i'ay d'esprit est assez aisé: Ma memoire n'est pas de mesme, car ie n'en dispose presque iamais; & hormis que ie me souuiens de ce que i'aime & des plaisirs qu'on me fait, il n'est presque rien que ie n'oublie. La liberté me plaist & me charme; mais tant de Gens qui vallent mieux que moy luy font la cour, que ie desespere de l'obte-

Portrait de l'Autheur.

nir. Mon abord est froid; & l'on veut que ie sois fier, parce que ie suis peu caressant. I'ay la parole brusque, l'humeur vn peu melancolique, & plus impatiente que colere. L'auenir m'occupe & m'inquiete; mais bien que ie ne sois presque iamais sans quelque mouuement secret de peine, la compagnie me réueille, & il y a des momens que ie fais comme si i'estois naturellement enjoüé. I'ajuste volontiers mon humeur à celle des Personnes auec lesquelles ie dois viure. I'aime l'ordre, la justice, & la sincerité, estimant qu'vn Homme doit toûjours taire le secret de son Amy. I'aime toûjours ce que i'aimay vne fois, bien que ie ne l'aime pas de la mesme force. Ie suis fidelle à ce que ie promets; méprisant pour ceux qui me méprisent; toûjours plus passionné pour la gloire que pour le bien; & i'oseray dire qu'il n'y a que ma mauuaise fortune qui

Portrait de l'Autheur.
m'empesche d'estre liberal. Ie suis plus pitoyable que tendre, & parfaitement reconnoissant: Neantmoins tous ceux qui me donnent leur confidence, n'ont pas la mienne. Ie dirois bien que ie suis discret, mais cet aueu supposeroit quelque bonne fortune, & en verité ie n'en eus iamais. Pour ma Conscience, i'ay souuent le desir de la preferer à tout, mais enfin mon cœur prenant souuent party contre moy, il y a danger que ie n'en vienne pas aisément à bout; & quelque amitié que i'aye pour mon ame, ie sens bien que ie ne l'aime pas encore assez pour n'aimer rien autre chose.

PORTRAIT DE DAPHNIS,
Par Carite.

DAphnis est à mon gré un Homme incomparable,
On le peut dire en tout un Galant acheué :
Il est guay, serieux, ciuil & reserué,
Et d'une probité qui n'est pas conceuable.

Le tour de son Esprit est presque inimitable,
Il est toûjours brillant, facile & releué ;
Et parmy le beau monde, on toûjours trouué
L'air de son enjoüement tout à fait agreable.

Le Ciel luy fit vn Corps digne de son Esprit :
En sa taille il n'est point trop grand, ny trop petit,
Son port est noble & doux, & sa mine fort fiere.

Mais l'Ame de ce tout, est vn ie ne sçay quoy,
Qui mesle à ce qu'il fait vn certain Art de plaire,
Dangereux pour des Gens moins rouches que moy.

PORTRAIT DE CARITE.
Par Daphnis.

ON voit tant d'agrémens
   dans l'aimable Carite,
Qu'il n'appartient qu'aux Dieux
   de nous les découvrir;
Et s'il se trouve rien qui nuise à son
   merite,
C'est qu'elle fait cent maux, sans
   les vouloir guerir.

L'interest d'un Amy la tourmente
   & l'agite,
Elle meurt de douleur en le voyant
   mourir;
Mais toûjours un Amant en vain
   la sollicite;
Sa douceur qui peut tout, ne peut
   le secourir.

*Son air est jeune & doux, son hu-
 meur est de mesme;
Son cœur est noble & grand, mais
 iamais ce cœur n'aime:
Cependant elle est faite à donner
 de l'amour.*

*Son Esprit... Ah! mon cœur cesse
 de me contraindre.
Ie tâche vainement d'en exprimer
 le tour;
On peut bien l'admirer, mais non
 pas le dépeindre.*

Extrait du Priuilege du Roy.

PAr Grace & Privilege du Roy, Regiſtré ſur le Liure de la Communauté. Il eſt permis au Sieur A. P. de faire imprimer vn Liure de Lettres qu'il a compoſées en tous les genres d'écrire, en vn ou pluſieurs Volumes, pour le temps & eſpace de cinq ans, auec defenſes à tous Libraires, Imprimeurs & autres, de quelque qualité & condition qu'ils ſoient, d'imprimer, ou faire imprimer leſd. Lettres durant led. temps, à compter du jour qu'elles ſeront imprimées, à peine de confiſcation des Exemplaires, quinze cens liures d'amende, deſpens, dommages & intereſts. Donné à S. Germain en Laye, le 10. d'Aouſt 1662, Signé, Par le Roy en ſon Conſeil, CHARPY.

Et ledit Sieur A. P. a tranſporté ſon Priuilege au Sieur R. qui l'a retrocedé à I. B. Loyſon, Marchand Libraire à Paris, pour en faire & diſpoſer comme bon luy ſemblera.

Acheué d'imprimer pour la premiere fois, le 20. May 1670.

Table des Lettres contenuës en ce Volume.

DE Turin, & de ce que i'ay veu en y allant, page 1

De Turin, de cette Cour, & du pouuoir du Prince, 6

De Turin à Turin, pour M. de R. qui m'auoit demandé des Chansons, 13. &c.

De Gennes, 28

Pour la mesme, & pour sa bonne Amie, Cartel de défy, 31

De Milan, pour les deux mesmes, ausquelles ie parle du mal qu'elles font souffrir à ceux qui les aiment, 34

De Florence, pour les deux mesmes, à qui ie me plains de ce qu'elles ont manqué à mon rendez-vous, 38

De Gennes, pour Carite, à qui ie rends compte de cette Republique, & des autres choses que i'y ay remarquées, 40

De Milan, à la mesme, 46

De Parme, de Modéne, de leurs Estats & de leur pouuoir, 49

De Florence, de ses Estats, de ses Chasses, de son Tresor, &c. 51

De la Republique de Lucques & de son

TABLE.

Gouuernement, 57

De Rome, de la maniere de viure du Païs, & des particularitez, 60. &c.

De Naples, de ses dépendances, de ses reuenus, & de l'autorité du Viceroy, 78

Des enuirons de Naples, 81

De Venise, des Terres que possede la Republique de Venise, de ses reuenus, de son administration, & de ses Alliances, 87

Des passe-temps de Venise, 96

Des habillemens, de la maniere d'agir des Femmes de Venise, 100. &c.

D'Inspruc, 112

De Salsbourg, de l'Archeuesché, de ses reuenus, de son pouuoir, & de son Election, 114.

De Passau, de son Euesché, de sa situation, de ses reuenus & de ses Riuieres, dans l'vne desquelles on trouue des Perles, 116

De Vienne en Austriche, de sa situation, des plaisirs de l'Empereur, de son pouuoir, & des Electeurs; ce que c'est que le Roy des Romains, & de la Diete, 118

De Vienne, de la Iustice & des Benefices d'Allemagne, & des Priuileges de la Noblesse, 126

De Vienne au retour d'Hongrie, de leurs terres, de leurs habits, de leurs mœurs, de leurs loix, de leur terroir, & de leurs Places 131

TABLE.

De Prague, de leurs diferentes Langues, de quelque maniere d'agir des Amans pour leurs Maistresses, & du Viceroy, 136

De Dresde, où le Duc de Saxe fait son sejour, & de ses Estats, 138

De l'Electeur de Brandebourg & de ses Estats, 139

De Nuremberg, d'Erfort & d'autres Villes, 140

De Munic & de son Palais, 142

De Heidelberg, & des Places de cet Estat, 145. &c.

De la Haye, du Gouuernement, & de l'Vnion des Estats, des Peuples, de leur Commerce, & de leur nourriture, 165

D'Amsterdam, de sa beauté & de sa richesse, 166. &c.

De Spa, le plaisir & l'occupation de ceux qui y prennent des Eaux, 192

De Bruxelles, des Villes & Places de Flandres, des Femmes & de leurs Cours, 198

De Poitiers, 205

De S. Sebastien en Espagne, 207

De Madrid, 217

De l'Escurial, 240

De Madrid, & de la maniere de viure de ses Habitans, 243

De Tolede, & de la meilleure partie des Villes d'Espagne, 259

De Grenade, 265

De Barcelone, 268. &c.

TABLE.

D'Angleterre, 278
De Londres, de la Ville, des Habitans & du Protecteur, 285
De Lisl... 297

Fin de la Table.

LETTRES

LETTRES GALANTES, ET DE VOYAGE.

De Turin. Pour Carite, à qui ie rens compte de ce que i'ay veu en y allant.

LA grande Chartreuse, ce lieu si celebre & si caché, & où l'on reçoit les Passans auec autant de charité que de plaisir, merite d'estre veuë. Montme-

A

lian, qui appartient au Duc de Sauoye, est vn Chasteau que l'Art & la Nature ont rendu tres-considerablement fort: Mais sans vous décrire ce que l'vn & l'autre ont fait en sa faueur, ie vous diray qu'apres beaucoup de peine & autant d'impatience, nous arriuâmes au Mont Seny; Vne petite Mule qui grimpoit comme vn Chat, me porta jusques au sommet, où ie vis des Perdrix & des Lievres blancs, vn Lac tres-spacieux, & vne Plaine de deux lieuës de long, au bout de laquelle ma petite Beste se déchargea de moy entre les mains de deux Hommes montagnars, qui me firent l'honneur de me mettre en vne

Ciuiere, & de me faire sauter auec eux de pierre en pierre, & de rocher en rocher; vrayment i'en tremble encore. Si ces Gens-là ne sont des Diables, il faut pour le moins qu'ils soient à luy, pour se pouuoir aussi heureusement tirer d'affaire, & sortir impunément de tant de perils: Dieu mercy, i'en forty quitte pour quelques tremblemens, & beaucoup de frayeurs. Celles qui me prirent à la porte de cette Ville, ne furent guere moins cruelles. Imaginez-vous, s'il vous plaist, que Son Altesse de Sauoye sortant le matin pour la Chasse, defendit, sur le bruit qui couroit de la Peste, d'y laisser entrer aucun Etranger, sur peine de la vie: Vous jugez bien que personne n'auroit voulu la perdre pour nous. On nous regardoit comme des Pestiferez, on nous fuyoit, on nous craignoit; & sans l'honnesteté du Major de la Ville, par les soins & par l'ordre duquel, aprés bien des peines & du temps, on nous receut dans vne Hostellerie du Fauxbourg, la faim nous alloit bientost mettre à l'abry de la Peste: Dieu mercy, nostre estat fut vn peu changé; le soir vint; Monsieur de Sauoye retourna, nous eûmes aussitost la liberté d'entrer, par vne grace qu'on n'accorda point à d'autres. Ainsi nous ne fûmes point enfer-

GALANTES. 5
mez auec vn tas de Gens & d'Animaux, qui n'estoient malades que de l'ennuy de n'estre pas libres, & du déplaisir qu'ils auoient de ne manger que ce qu'on leur donnoit au bout d'vn baston : Iugez comme i'aurois pû viure, moy qui meurs déja pour m'éloigner de vous. Adieu, Madame ; Ie vous prie de penser au moins à moy, quand vous n'aurez rien à faire, & de me croire autant à vous que i'y suis.

*De Turin. A la mesme, que i'inf-
truis de cette Cour, & du
pouuoir du Prince, &c.*

JE feray encore icy quelques jours; on les y peut paſſer ſans chagrin, les Femmes y eſtant ciuiles, aimant le jeu, les promenades, & y viuant auec encore vn peu plus de liberté qu'en France. La Ville eſt petite & aſſez belle; ſes Places ſont agreables; l'vne eſt baſtie ſur le deſſein de la Place Royale, mais auec moins de magnificence. Le Chaſteau neuf a deux grands & beaux Apartemens, qui plairoient plus, s'ils n'estoient borgnes, & qu'ils fussent moins dorez: C'est là où l'on verra dans quelques mois la Cour. Bien qu'elle ait perdu de son éclat par la mort de feu Madame Royale, & de feu Madame la Duchesse de Sauoye, elle ne laisse pas d'estre encore agreable, & de ressembler le mieux qu'elle peut à la nostre. A la verité on n'y voit pas tous les jours des trains, des habits, & des visages nouueaux: mais enfin ce qu'on y voit est agreable, galant, & ciuil; & tous les Princes ne sont pas des Roys de France. Celuy-cy reçoit honnestement tous les Etrangers & les François, auec tant de ciuilité, que l'on remarque aisément le respect & la reconnoissance qu'il a pour le nostre. Ses Affaires, la Chasse, & les Dames, partagent tous ses momens; & le desir qu'il a de se remarier, toute sa Cour. Madame la Princesse sa Sœur estant à la Campagne depuis quelques mois, on est priué de cette Chambre de parade qui regnoit si fort du temps de feu Madame Royale, & qui subsiste encore quand cette Princesse est icy. Cette Chambre est celle où tous les Courtisans & les Courtisanes s'assemblent le soir depuis sept heures jusqu'à dix, & où les Princes & les Princesses paroissent quelquefois : C'est là, où malgré le monde & le bruit, on peut aisément se trouuer & se faire entendre, & où comme dans vn azile, l'Amour peut agreablement profiter du temps, & se parer des soins & des soupçons d'vn Mary. Il y a quantité de belles Maisons autour de cette Ville, qu'on appelle Vignes : Celles de feu Madame Royale, le Valentin, & la Venerie, qu'a fait bastir Monsieur le Duc de Sauoye, sont les plus magnifiques; elles sont encore toutes trois imparfaites. Monsieur le Prince de Carignan a eu la bonté de nous y mener, & de nous en faire remarquer les belles choses : Il est étonnant qu'estant nay sourd & muet, il ait pû apprendre l'Espagnol & l'Italien, & à desseigner parfaitement comme il fait : Ses bontez sont extrêmes, & ie ne sçay rien qui les égale que les vostres, & les reconnoissances que i'en ay. Mais, Madame, auant de finir ma Lettre, ie vous diray, s'il vous plaist, que Son Altesse de Sauoye possede auec Turin où il fait sa residence, Chambery, Suze, le Comté de Nice, Ast, le Marquisat de Saluces, le Comté de Verceil, & quelques autres Places. On dit qu'il tiroit de toutes ses Terres vn million d'or; la Guerre en a vn peu diminué, ses dépenses ayant surpassé son reuenu. Son pouuoir est absolu & souuerain, & sa Iustice (à ce qu'on m'a dit) fondatrice de l'Empire : Elle est administrée par les Citoyens qui ont droict de choisir la plus grande partie des Magistrats. Ce Prince est assez bien auec tous ceux d'Italie, & parfaitement auec le nostre. On parle François à sa Cour, & Italien dans toute la Ville. Voila, Madame, ce qu'on m'a appris, & ce que ie serois tres-aise de vous pouuoir dire moy-mesme.

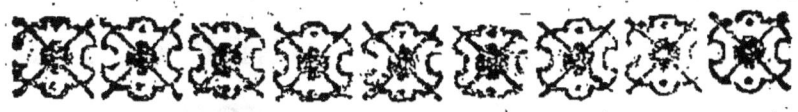

De Turin à Turin. Pour Mademoiselle de R… qui m'avoit demandé des Chansons.

JE vous envoye les Chansons que vous m'avez demandées. Vous avez bien pû juger que ie n'y manquerois pas, & que ie ne m'hazarderois point à fâcher vn cœur que tout le Monde loüe, & que toutes les Personnes raisonnables desirent. Si celuy qui voltige depuis trois jours auprés de vous, ne vous est point incommode, faites-luy la grace de l'y souffrir; ie vous répons de son ardeur, & que sa constance sera aussi veritable que les tres-humbles respects que i'ay pour vous.

Pour la mesme.

VOyez, trop aimable Incredule, à quelle extremité me reduit le desir de vous plaire! Comme ie sçay que rien ne vous est plus agreable que des Chansons, ie souhaite incessamment que mon cœur en deuienne vne: Mais dites-moy, s'il vous plaist, de tout ce que ie vous diray, & de tout ce que ie vous écriray, n'en retiendrez-vous iamais quelles, & ne vous ressouuiendrez-vous point au moins vne fois de cette paſſion tendre & forte que ie vous proteſtois hyer?

Pour la meſme.

NE diferez plus à m'écouter, belle Inſenſible; ce que ie veux vous apprendre, ne doit point vous déplaire, n'ayant à vous parler que de vous. Si ie vous dis quelque choſe de moy, accuſez-en vos yeux, voſtre teint, voſtre eſprit, & tout vous-meſme : dans l'eſtat où ils m'ont mis, il eſt malaiſé que ie vous parle quelque temps de leur pouuoir, ſans vous parler vn peu de moy.

Pour la mesme.

NE pensez pas que mon cœur vous appartienne moins, parce que vous dédaignez de le receuoir & de le reconnoistre; il est si veritablement fait pour vous, & tellement à vous, qu'il ne sçauroit estre à d'autres sans mourir. Vous ne voudriez pas, ie croy, le reduire à cette extremité; & vous ne deuez pas trouuer étrange que le plus fidelle & le plus passionné de tous les cœurs, desire d'estre à la plus aimable & à la plus parfaite de toutes les Filles.

Pour la mesme.

QVe vous ay-je fait, belle Insensible, & que vous a fait mon cœur, pour n'en vouloir point ? Vous craignez sans doute qu'il ne fasse honte à vos fers ; mais ne craignez rien ie vous prie, & soyez persuadée que sa constance & sa soûmission le rendront digne de les porter : Il vous adorera par tout, il ne sera qu'à vous ; vos Loix, toutes seueres qu'elles pouront estre, ne le feront iamais murmurer; quelque chose qu'il fasse pour vous, il le fera toûjours sans espoir

espoir & sans interest; & pourueu que vous luy accordiez la grace de le receuoir, i'ose jurer qu'il vous adorera sans desirs.

Pour la mesme.

L'Insuportable destinée que la mienne! Pendant que vous dédaigniez mon cœur, ie n'auois point de plaisirs; depuis que vous auez eu la bonté de le reconnoistre & de le souffrir, ie n'ay point de repos. Ne vous fais-je point de pitié, & particulierement quand vous connoissez que ie voudrois vous parler de cent choses, & que ie n'ay pas la liberté de vous en dire vne, toûjours quelque Riual importun vous obsedant? Ah l'incommode chose qu'vn Riual! Ie croy que les miens ont de l'honneur, du merite, & de l'esprit; par tout où ie les voy sans vous, ie les trouue agreables; mais auprés de vous, ie ne les puis souffrir, & ie croy mesme que ie les hais. Ayant l'honneur de se dire à vous, i'en deurois peut-estre vser autrement: mais pardonnez-moy, ie vous prie, si ie ne le fais pas; il faudroit pour cela que ie les aimasse plus que moy-mesme, & ie ne connois que vous que ie puisse aimer de la sorte.

Pour la mesme.

LA plus aimable Personne du monde doute que l'on l'aime apres l'auoir permis? En verité, c'est ce qu'on ne sçauroit ny comprendre, ny souffrir.

Helas! à quoy vous sert cet admirable esprit,
Si vous jugez si mal de tout ce qu'on vous dit?

Quand ie vous parle de vous, & des sentimens tendres & passionnez de mon cœur, vous m'ordonnez de vous parler d'autre chose. Ah! mon adorable Belle, vous n'y pensez pas : N'est-ce pas vous parler de tout le monde & de toutes choses, que de vous parler de vous, puis que vous m'estes tout, & que sans vous tout le monde ne m'est rien ? Mais ne vous déferez-vous iamais de cette insuportable raison que vous me repetâtes hyer tant de fois ? Pour peu que vous y vouliez penser, vous auouërez qu'elle est infiniment cruelle, & qu'elle vous trahit ; car enfin elle me tuë, & apparamment vous n'auez dessein que de me faire souffrir. Pensez-y, ie vous en conjure ; mais pensez-y bien, & n'oubliez pas, s'il vous plaist, ce malheureux & trop passionné.

Pour la mesme.

JE ne puis m'imaginer que vous soyez fâchée tout de bon : Cependant ce doute m'accable, & ie juge par les chagrins où i'en suis, qu'il me seroit encore plus doux de mourir, que de vous déplaire. Que ie vous crains ! mais aussi qui ne vous craindroit auec cette humeur fiere, cet esprit incredule, & ce cœur insensible ? Vous auez autant de plaisir à voir les Gens affligez, que les autres en prennent à les voir contens ; & l'on diroit à vous voir agir, qu'il est de voſtre honneur de faire des miſerables. Quand ie me fouuiens qu'vn de mes Riuaux ſortit hyer d'auprés de vous les larmes aux yeux, ie n'attens que l'heure d'en ſortir la mort au cœur, & que vous luy direz de moy, ce que vous me diſtes de luy : Il eſt bien fou, il n'en fera que cela. Ah, ma Belle, que ce cela me feroit cruel ! & que ie vais eſtre malheureux, ſi vous ne prenez vn peu de cette amitié tendre & veritable dont vous auez ſi fort remply le cœur de, &c.

Pour la mesme.

QVe vostre amitié seroit aimable, si elle estoit plus grande! En verité, il y va du vostre & du mien, qu'elle le deuienne, quand ce ne seroit qu'afin de pouuoir resister à tous ceux qui luy font la guerre: Ie ne voy point d'honestes Gens qui ne s'en plaignent; ceux qui vous honorent le plus, sont ceux qui l'épargnent le moins; il y en a mesme qui croyent que vous n'en auez pas. Pour moy, qui ne puis souffrir que cette qualité manque à toutes celles qui vous rendent si parfaite, ie jure toûjours que vous en auez; mais qu'à la verité la trouuant aimable comme vous, vous en estes vn peu jalouse, & que vous consentez malaisément qu'elle vous quitte. Faites en sorte, s'il vous plaist, que ie ne sois pas parjure, & ne souffrez pas que ie passe dans le monde pour vn menteur; auec cette mauuaise qualité, il seroit malaisé que i'y trouuasse vn peu d'estime, & que i'osasse me dire autant à vous que i'y suis.

Pour

Pour la mesme.

JE vous quitte, & vous aime; ce deuroit, me semble, estre assez pour en mourir. Mais que ma destinée, qui se plaist à me persecuter, n'a garde de me faire cette grace; & qu'elle seroit fâchée, la cruelle qu'elle est, de ne me pas punir toute ma vie du plaisir que i'ay eu de vous voir vn moment! Sera-t-il vray, mon adorable Belle, que vous vous souuiendrez de moy? & dois-je me flater que mon depart vous touche? Ie ne sçay vrayment lequel est le mieux pour moy, de le croire, ou d'en douter : quand ie le croy, mon cœur se déchire, & ne peut souffrir que ie vous quitte; & quand i'en doute, i'endure des maux qu'on ne peut exprimer, n'en conceuant point de plus sensibles que ceux de n'estre pas aimé d'vne Personne qu'on aime infiniment. Adieu, mon adorable Belle, adieu, c'est tout ce que ie puis vous dire: Ecoutez ce cœur que ie vous laisse, il vous dira le reste.

Pour la mesme, le mesme jour.

QVe ne puis-je en vous quittant, vous donner tant de marques de ma tendresse & de mon amour, que vous n'en puissiez douter! ou plutost que ne puis-je tous les jours vous dire adieu, & ne vous quitter iamais! S'il est vray que vous ne soyez pas ingrate, comme vous m'auez commandé de le croire, ie puis esperer que vous vous souuiendrez de moy: Accordez-moy cette grace, & celle de ne prendre pas garde à ce que ie vous diray ce soir. Ie suis le plus meschant diseur d'adieu de la Terre ; & il me faut tant de courage pour oser prendre congé de vous, que ie ne croy pas qu'il m'en reste assez pour oser vous dire ce que pense & ce que sentira toute sa vie pour vous, le plus à plaindre & le plus passionné de tous les Amans.

Pour la mesme. De Genes, le 14. Decembre 1664.

I'Ay beau prendre par tout des Billets de santé, ie ne m'en porte pas mieux ; mon mal ne me quitte iamais vn moment : depuis que ie suis party de Turin, il a toûjours cru auec le chemin & auec le temps; & s'il se communiquoit comme celuy qu'on apprehende si fort en ce Païs, ie croy qu'il ne seroit pas moindre que luy, & qu'on ne feroit pas trop mal de m'obliger à la Quarantaine. En verité ie ne sçay ce que ie suis, ny ce que ie fais; il n'est pas plutost jour, que ie voudrois qu'il ne le fut point, & la nuit qui fait le remede & le repos de tout le monde, est si contraire au mien, que ie ne la crains pas moins que la mort. Quand ie pense à m'endormir, ie ne sçay quoy que ie sens toûjours, & que ie ne voy iamais, me réueille; ce qui diuertit les autres, n'a pas la force de me toucher; & vne certaine idée se meslant toûjours à toutes les belles choses qu'on me fait voir, il arriue par tout qu'elles me paroissent moins charmantes qu'elles ne sont, & qu'elles ne me contentent iamais. Hyer à bout de mes forces & de ma patience, m'imaginant que le changement d'air & de lieu pouroit m'estre bon, ie fus me promener sur la Mer: ie passay de Vaisseaux en Vaisseaux, & de Galeres en Galeres; mais apres tout, mon mal demeura toûjours mon mal, & i'y aurois souhaité la condition de tous les malheureux que i'y vis, si ie ne m'estois souuenu qu'ils ne souffroient que pour eux, & que ie souffre pour la plus aimable Personne du monde.

Pour la mesme, & pour sa bonne Amie. Cartel de Défy.
De Milan.

PVis que ie ne trouue point de remede en ma patience, & que ie ne sçay quelle peine secrete m'afflige & me persecute par tout depuis que ie ne vous voy point, vous ne deuez pas trouuer étrange si ie cherche quelque voye pour me soulager. Vous voudrez donc bien, s'il vous plaist,

Mesdemoiselles, vous trouuer à Florence le 4. de .... M. & moy vous y attendrons, chacun auec vn bon Cheual, deux bons Pistolets, & vne fort bonne Epée: le choix du lieu, des armes, & la maniere du combat, dépendront de vous; & si mesme vous auez dessein de vous y trouuer plus de deux, nous en receurons le party: mais ie doute fort que personne veüille prendre celuy de deux petites Bandiës qui ne sçauent rien mieux faire que troubler le repos & la liberté des Gens. Il est vray qu'on louë fort vos Personnes & vostre esprit; mais quelque bien qu'on en die, ils ne font que du mal. Ainsi ne vous

étonnez point si nous cherchons à vous en faire, & à
nous en vanger: Il y a sans
doute beaucoup de peril à
attaquer tant de cœurs à la
fois; mais pour n'auoir pas
encore esté vaincuës, ie ne vous
croy pas inuincibles : nous
sommes des Auanturiers qui
cherchons de la gloire, & qui
suportons impatiemment la
vie, depuis que nous la passons
sans liberté. Adieu, Mesdemoiselles, ne negligez pas le
party que vous offrent deux
Caualiers, qui sçauront mieux
disputer leur vie, que ie n'ay
sçeu defendre le cœur de, &c.

Pour les deux mesmes, ausquelles ie parle du mal qu'elles font à ceux qui les aiment.

S'Il m'estoit permis de soûpirer pour quelqu'autre que pour vous, ie ne pourois m'empescher de soûpirer pour moy : mais aussi qui a iamais veu tant de maux & tant de patience ? Depuis que i'ay quitté Turin, i'ay souffert tout ce qu'on peut souffrir : vn autre s'en desespereroit, & vous auroit donné cent fois au Diable; mais pour moy ie le hay trop, pour luy souhaiter vn si grand bien. A propos

de bien, n'en auray-je iamais?
Là, comme si nous estions
teste à teste, le mal que vous
faites vne fois, dure-t-il toûjours? Ie me flatois que le
mien estant deuenu aussi grand
qu'il l'est, & ayant l'honneur
d'estre vostre ouurage, auroit
vn peu d'ambition, qu'il aimeroit à voir le Païs, & que
comme il est vn des plus insu-
portables maux du monde, il
ne manqueroit iamais de se
faire assommer: mais que ce
chien de mal n'a garde de
m'abandonner; il croiroit
estre perdu, s'il m'auoit quitté
vn moment; ce testu-là veut
tout faire à sa mode, & iamais
à la mienne: soit que ie le flate
ou que ie le gronde, il est toû-

jours insuportable; & de la maniere que vous l'auez basty, ie croy qu'il sera toûjours incorrigible, & que pour mon malheur ie le serez aussi. Peste du mal! On m'auoit bien dit qu'il n'y auoit point de seureté auec vous: Mais qui n'eust eu enuie de vous voir? & le moyen de fuir les plus belles choses du monde? Est-ce là la recompense que vous deuiez à ce pauuras qui vous apprenoit ses Chansons de si bon cœur? Dieu, quel mal, que le mien! I'aimerois autant vn Lutin; il ne dort ny nuit ny jour, & seroit bien fâché de laisser dormir les autres. N'auez-vous point quelqu'vn qui vous déplaise, & que vous vouliez faire enrager ? Vous n'y sçauriez mieux reüssir, qu'en luy faisant present du mal que vous m'auez donné, il est aussi grand que toute l'Italie ; i'ay beau courre & beau trotter, ie l'y trouue & l'y sens par tout : mais il fait vne chose qui n'est point bien, & que vous ne deuriez vrayment pas souffrir; ce vilain-là me déguise si fort toutes les Femmes, que ie n'en ay pas encore pû voir vne qui m'ait paru jolie. Vous croirez peut-estre que ce sont mes yeux qui font ce meschant effet ; mais non sérieusement, ce sont les vostres ; depuis que ie les ay veus, l'idée qui m'en reste trouble toutes celles que ie puis auoir.

De Florence. Pour les deux mesmes, à qui ie me plains de ce qu'elles ont manqué à mon rendez-vous.

AVoüez, Mesdemoiselles, que les Epées & les Pistolets vous ont fait peur, & que vous estes beaucoup plus propres à faire vn assassin, qu'vn combat. Vous auriez sans doute receu celuy que ie vous offrois, si ie vous eusse mandé de vous y rendre auec des charmes & des appas: comme ce sont vos armes ordinaires, & celles dont vous vous seruez mieux que per-

GALANTES. 39
sonne, vous les eussiez cruës sans péril, comme vous deuez les croire sans comparaison : mais ie voy bien que vous vous contentez de vaincre sans vouloir combattre, comme vous vous contentez d'estre aimables sans vouloir aimer. Pour vous dire ce que i'en pense, vous estes les deux plus .... Adieu, Mesdemoiselles ; apprenez-moy, s'il vous plaist, par de bonnes raisons, les meschantes qui vous ont empeschées de vous rendre au lieu que ie vous auois marqué, & où vous auriez pû satisfaire vostre, &c.

De Genes. Pour Carite, à qui ie rens compte de cette Republique, & des autres choses que i'y ay remarquées.

IL est surprenant, qu'aprés la neige, la glace & le froid, que nous auons souffert en venant icy, nous y ayons trouué en y arriuant, toute la chaleur & les beautez du Printemps. Nous y entrâmes par vne Ruë aussi longue que charmante, bordée à droit & à gauche de superbes Pauillons, dont les dehors sont agreablement peints, & dont chacun adjouste à sa magnificence

ficence particuliere, des Iardins, des Terrasses, des Iets d'eau, des Vollieres, des Orangers, des Citroniers, des Grenadiers, des Mirthes, & tout ce qui les peut rendre les plus délicieux sejours du Monde. La Ville est fort longue, à la maniere de celles des Ports de Mer, & tres-gesnée des Montagnes. Ses Ruës sont étroites & sombres, hormis celles qu'ils appellent *Strada nueua*, dont les Palais sont si superbes dehors & dedans, qu'on ne peut guere rien voir de plus rare. La mesme eau qui passe au premier étage d'vne des Maisons de la Ville, en fournit à toutes les autres. L'Eglise de S. Ambroise, & celle de l'A-

D

nonciade, toutes deux de marbre, sont petites, mais admirables. On y bastit vn Hospital qui couste déja cinq millions, les Montagnes qu'il a fallu rompre ayant esté d'vne épouuantable dépense. Le Port est plus grand & plus beau que bon, & les Peuples meilleurs & moins sauuages qu'on ne me les auoit dépeints: Il est vray qu'ils n'aiment pas à rien faire pour rien; mais si le desir d'auoir de l'argent est vn vice, il est presentement si commun, qu'il ne fait plus honte à personne. Les Femmes y sont habillées à l'Italienne; les plus considerables n'y vont qu'en Litziere. Le voisinage de France fait qu'elles ont vn peu plus de liberté qu'ailleurs; mais si elles ne s'en seruent pas mieux que vous, il seroit aussi bon qu'elles n'en eussent point. Leur Ville est forte, & n'est pas moins riche. Son territoire n'a pas beaucoup d'étenduë. Sauone qui dépend de cette Republique, est d'vne grande consideration. Elle possede encore l'Isle de Corse, tres-fertile, que l'on comptoit autrefois au nombre des Royaumes. On dit que ses reuenus peuuent monter chaque année jusqu'à vn million & deux cens mille écus; qu'elle peut mettre sur pied vne Armée de trente mille Hommes, douze Galeres, & vingt

Vaisseaux de Guerre, & que ses dépenses surpassans son reuenu, elle n'a point de tresor. Son Gouuernement est Populaire & Democratique. Le Chef s'appelle Prince; son pouuoir ne dure que deux ans, pendant lesquels il loge dans le Palais, y viuant aux despens du Public, & s'y faisant garder par cent Suisses: c'est luy qui propose dans le Senat les choses dont il est question de déliberer. Son temps expiré, vn autre prend la place, & luy reste Gouuerneur. Le premier Ordre est composé du Prince & de huit Senateurs, dont le pouuoir dure aussi deux ans, & qui viuent dans le mesme Palais. Le Grand Conseil qui à la direction de la Police, est composé de quarante Personnes indiferemment choisies de toutes les Familles: c'est luy qui auec le Prince traitte & délibere de tout ce qui regarde la Paix & la Guerre, & qui auec vn Conseil de Dix que l'on crée pour cela, juge des choses de la moindre importance. Il y a vn autre petit Corps separé, qu'on appelle l'Office de S. George, qui est fondé sur les debtes que le Public doit aux Particuliers, ausquels l'Isle de Corse est obligée, & dont huit des-interessez sont faits Ministres, qu'on appelle Protecteurs: Ils sont si détachez des autres, que la Republique n'a rien à voir à leur administration. Elle est en bonne intelligence auec tous les Princes, hormis auec celuy de Sauoye, qui a quelques pretentions sur la Ville de Sauone. Souffrez, s'il vous plaist, Madame, que i'y sois toûjours auec vous; c'est la grace que vous demande vostre, &c.

De Milan. Pour Carite, que i'instruis des Lieux où i'ay passez, qui appartiennent à cet Etat.

LA Chartreuse de Pauie a cent beautez toutes rares & toutes admirables.

Alexandrie, Tortone, Pauie, Lode, Valence, & cette Ville, appartiennent au Roy d'Espagne : elles n'ont rien de rare que leurs fortifications; les Campagnes qui les separent, ont belles, fertiles, & peuplées. Milan est tres-grand; vne multitude de Gens & de Carosses y vont & viennent incessamment. Son Chasteau est le meilleur du monde; & tout y est si soigneusement tenu, qu'il paroist fait d'aujourd'huy. Tout ce Domaine est feudataire de l'Empire, & rend tous les ans vn million d'or & trois cens mille écus au Roy d'Espagne. On peut y armer quarante mille Hommes. Le Gouuerneur y vient en son nom, & auec ses Patentes, par le moyen desquelles il peut disposer de toutes choses pour le bien & la conseruation de cet Etat. Il se sert d'vn certain nombre de Senateurs Milanés, qui sont aussi créez par le Roy d'Espagne. Les Magistrats ordinaires se font par les Nobles, & on les appelle Conseillers. Adieu, Madame, songez autant à moy dans tous les lieux où vous allez, que ie songe à vous dans tous ceux où ie me trouue ; & ressouuenez-vous qu'il manque toûjours ie ne sçay quoy aux plus belles choses, quand on les voit sans ce qu'on aime.

De Parme, de Modene, de leurs Etats, & de leur pouuoir.
Pour Carite.

CEtte Ville est mediocrement grande & belle; ie ne l'ay veuë qu'en passant. Le Prince qui y reside, possede auec elle Reggio, la Principauté de Corregio, & vne grande partie de la Graffignana. On tient qu'il peut mettre sur pied trente mille Hommes, & qu'il tire trois cens cinquante mille écus l'année. Il est feudataire de l'Empire, mais auec toute sorte de Souueraineté, pou-

E

uant faire la Paix & la Guerre, & mettre des Impôts à son gré. Il se gouuerne auec des Magistrats ordinaires. Il est en bonne intelligence auec tous les Princes d'Italie, & vn peu suspect aux Papes, à cause des pretentions de Commarchio. Il est vny auec le Prince de Parme, & vit sous la protection d'Espagne. S'estans vnis tous deux, ie ne croy pas faire tort au Prince de Parme de les mettre ensemble, & de vous dire que celuy-cy possede Parme, Plaisance, & quelques autres Villes. Ses reuenus vont chaque année jusqu'à sept cens mille écus. Il peut mettre vingt mille Hommes sur pied. Il n'a point de tréſor. Les Femmes y ſont vn peu plus à la Françoiſe qu'ailleurs : ie les trouuerois mieux, ſi elles n'y eſtoient point du tout. Adieu, Madame, de quelque maniere que puiſſent eſtre toutes celles que ie verray, aſſurez-vous qu'elles n'empeſcheront iamais que ie ne ſois plus à vous qu'à moy-meſme.

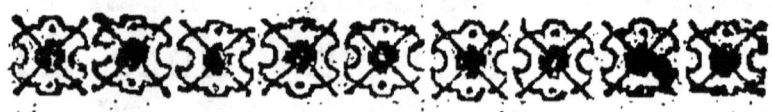

De Florence, de ſes Etats, de ſes Chaſſes, de ſon Treſor, &c.
Pour Carite.

QVe de choſes i'aurois à vous dire, ſi ie voulois vous parler de toutes celles qui appartiennent à Monsieur le Grand Duc. On a raison de l'appeller Grand, son pouuoir & son merite en sont d'accord. Il possede, auec mille bonnes qualitez, ce qu'on appelle l'ancien Domaine de Florence. Sienne & Pise qui en releuent, sont appellez le nouueau: de l'vn il est absolu & souuerain, ne reconnoissant point d'autre Seigneur que Dieu; & de Sienne, il est feudataire du Roy d'Espagne, & obligé d'entretenir quelques Troupes pour les Guerres de Milan. On m'a dit qu'il possedoit vingt Villes Episcopales, & cinq cens Lieux murez où la Iustice s'exerce & se rend à ses Peuples; outre lesquels il possede encore des Comtez, des Marquisats, & vne Principauté dans le Royaume de Naples. Ses confins sont bien munis & soigneusement gardez. Du costé de la Mer, il a Liuourne, tres-fameux pour ses Fortifications, & tres-frequenté pour son Port, & pour ses Priuileges, qui veulent qu'on ne paye qu'à proportion de ce qu'on y vend, & rien du tout si on n'y vend rien. Il a encore Portolongone & quelques autres Places. Il peut armer douze Galeres, deux Galleasses, deux Gallions, vingt Vaisseaux de Guerre, quarante mille Hommes, & trois mille Cheuaux.

Ses reuenus se montent à prés de deux millions huit cens cinquante mille liures. Son trésor qui consiste en monnoye & en pierreries, est d'vn prix inestimable, & d'vne beauté rauissante; mais ce sont de ces choses qu'il est plus aisé d'admirer que de connoistre, & beaucoup plus aisé de désirer, que de dépeindre. Les trois principaux emplois de cet Etat, sont le Gouuernement de Sienne, celuy de Liuorne, & celuy de Pitigliano. Les Villes de Florence & de Sienne ont leurs Conseils, desquels ils tirent des Magistrats. Sienne s'est conseruée vne plus grande apparence de liberté, ayant encore son Capitaine du Peuple, qui autrefois estoit le Prince de la Republique. Son employ dure deux mois: Iamais il ne paroist en public qu'en habit rouge, precedé de Trompettes, d'Etendars, & accompagné de cent Senateurs. Le Grand Duc est Grand Maistre de la Religion de S. Estienne, qui fut fondée dans Sienne par Cosme I. apres auoir vaincu les Sienois. Ie ne vous dis rien des quatre Papes qu'a eu cette Maison, ny de ses alliances auec la nostre Royale. Il n'a rien à démesler auec personne: Il est vray que quelques interests le broüillent vn peu auec les Papes, & ie ne sçay quelle émulation auec le Duc de Savoye. On ne peut exprimer les honnestetez que les François en reçoiuent : Iugez-en. Monsieur le Grand Duc ne m'a iamais voulu parler, que ie ne fusse couuert. Si ie vous marque cette circonstance, c'est vrayment plutost pour sa gloire que pour la sienne, & ie sçay trop ce qu'on doit aux Souuerains, pour n'auoir pas receu celle-là auec confusion. I'auois dessein de vous parler des plaisirs de Chasse qu'il nous a donnez à Pise, de cinquante ou soixante Bestes fauues ou noires, que nous prîmes ou tuâmes en deux heures, & de ces admirables endroits où elles se gardent & où on les prend:

mais ie vous ferois trop perdre de temps, & ie ne pourois dépeindre assez bien tant d'agreables choses. I'espere quelque jour vous en entretenir, & de ces sentimens tendres & respectueux que i'auray toute ma vie pour vous.

De la Republique de Lucque, & de son Gouuernement.
Pour Carite.

LA Ville, le Territoire, la Republique, & tout ce qui en dépend, est petit, mais bon. Elle est Maistresse d'vne partie du Païs de Graffignana, qui est montagneux, mais fort habité. Ses reuenus peuuent aller jusqu'à cinq cens mille écus, & peut mettre douze mille Hommes sur pied. Son Gouuernement est Aristocratique. On appelle le Prince Confaloniere: son pouuoir est petit comme le reste; il ne dure que deux mois, non plus que celuy des Senateurs. L'administration de toutes choses s'y fait par des Conseillers & des Magistrats. Le Grand Conseil, qui est le Chef de la Republique, est de cent soixante Citoyens, qui se changent tous les ans, & qui créent tous les autres Magistrats. On adjouste à ce Grand Conseil deux autres Petits; l'vn, de dix-huit Senateurs, qui a droit sur les petites choses; & l'autre, de six Nobles, qui tiennent compte des entrées & des sorties de la Republique. Outre ceux-là, il y a plusieurs Officiers Ciuils & Criminels, qui rendent la Iustice, entre lesquels il y a l'Office des sept Secretaires, qui sont comme Censeurs dans les matieres principales, & qui ont droit d'obseruer le Confaloniere. Cette Republique s'entretient fort bien auec tous les Princes Chrestiens, hormis auec celuy de Modene, à cause de ce Païs de Graffignana, & viuent sous la protection d'Espagne. Trouuez bon que mon cœur viue sous la vostre, Madame, & qu'il ne soit iamais qu'à vous.

De Rome. Pour Carite, à qui ie parle de l'humeur & de la maniere de viure du Païs, & de quantité d'autres particularitez.

Dieu mercy ie suis à Rome. Boulogne, Viterbe, & Roussillon, que i'ay veuës en passant, n'ont rien de fort remarquable. Il n'en est pas ainsi de cette Ville, tout y est grand, tout y est superbe, & tout y est Romain, hormis le Peuple qui l'habite: Il est en petit nombre, mal vestu, peu riche, & beaucoup défiant. Les Femmes n'y sont ny beles, ny heureuses ; elles le seoient encore moins, sans que le S. Sacrement estant tressouuent exposé dans quelque Eglise, on ne leur refuse pas toûjours la liberté d'y aller. Les vns & les autres sont d'vne humeur fort retirée, dissimulée, peu ciuile, & tres-vindicatiue. Il n'y a d'ordinaire que l'aisné d'vne Maison qui se marie. Les médisans disent que cette Femme est pour toute la Famille, & qu'auec les Gens de cette Nation on a à craindre de tous costez. Les Courtisanes n'ont plus la liberté d'aller en Carosse : cette diference les choque beaucoup, mais elle ne les change pas. Le Capitole, ce lieu autrefois si fameux, n'a plus rien de rare que ses peintures. Toute sa magnificence & tout ce pouuoir redoutable de ses anciens Consuls, est reduit à quatre Iuges, dont tout le droit se termine à peu de chose, & à quelques chastaignes. Comme ces Messieurs n'y donnent la main à qui que ce soit, ils ont de coustume de les y māger seuls, & de n'auoir personne à ces grands Festins qui s'y font de temps en temps aux despens de leurs profits. Mais le moyen de vous décrire tout ce qu'on sçait de Rome, & tout ce qu'on y voit? Les Ruës y sont longues, larges, & droites. Ses Fontaines, ses Palais, ses Iardins, ses Pein-

:ures, & ses Eglises, y sont sans comparaison. Celle de Saint Pierre passe toute imagination; plus on la voit, & plus on l'aime; & tout ce qu'elle a de beau, ne se pouuant aisément découurir, il faut se contenter de l'admirer. La Place que fait faire le Pape Alexandre VII. à la porte de cette Eglise, est fort loüée: il me semble pourtant qu'elle pouroit le meriter mieux, & qu'il en auroit peut-estre moins cousté; mais il faut estre plus habile que ie ne le suis, pour bien soutenir ce *me semble*. Ainsi ie me contente de vous honorer parfaitement, & de vous assurer que parmy tout ce que i'ay veu d'amiable &

de beau, rien ne me l'a tant paru que vous.

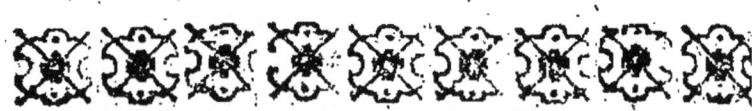

De Rome. Pour Monsieur*** à qui ie témoigne que cette Ville n'est pas ce que i'auois pensé.

IL faut de la foy, pour croire que Rome d'aujourd'huy soit cette Rome qui estoit autrefois le sejour des Dieux, la gloire & la terreur du monde, qui n'auoit point d'autres Loix, ny d'autres bornes, que celles qu'elle se prescriuoit elle-mesme; & en faueur de laquelle la Fortune & la Vertu, malgré leur antipatie, s'estoient si veritablement accordées.

dées. On y voit à la verité de longues, larges, & droites Ruës, des Fontaines rauiſſantes, des Palais ſuperbes, des Egliſes admirables, des Iardins délicieux, & des Peintures qui parlent & qui marchent; mais on y remarque comme ailleurs, que la puiſſance du Sort & du Temps n'y ont laiſſé que quelques reſtes de tant de fameuſes merueilles; & comme ſi la Guerre qu'elle a tant portée par tout ailleurs, ne l'auoit pas épargnée, on y voit en cent endroits les marques de l'Inconſtance & du Temps. Elle eſt tres-pauure, & preſque ſans autres Habitans que ceux qu'elle emprunte des autres

F

Païs : aussi la regarday-je comme vne Mere mourante, en faueur de laquelle vne multitude d'Enfans dispersez se rassemble pour luy rendre les derniers deuoirs. On dit qu'elle est deuote, & qu'elle est sage, mais ie ne sçay si elle ne ressemble point à ces vieilles Gens, qui ne le deuiennent que quand ils ne peuuent plus faire autre chose, & qui auroient toûjours esté méchans, si vne certaine foiblesse inuincible n'estoit venuë au secours de leur vertu. Parce que ie la respecte, ie ne vous parleray pas dauantage ny d'elle, ny de ses mœurs. Ie vous diray seulement qu'on y voit vne infinité de Statuës & d'excellentes Peintures: mais enfin tout ce qu'on y voit ne peut passer que pour des Copies dont la France a les Originaux; & i'aimerois mieux estre vne heure auec vous, que toute ma vie auec tant de Beautez qui ne parlent point. Adieu, Monsieur, aimez-moy ie vous en prie.

De Rome. Pour Carite, que i'instruis de ce que ie sçay de son pouuoir & de son Gouuernement.

Vous sçauez (peut-estre aussi n'y auez-vous iamais pensé) que la puissance des Papes est spirituelle & temporelle, & qu'elle ne connoist point de superieure au Monde. Auec Rome & son territoire, ils possedent toute la Campagne & la Sabine, qui sont les Membres de l'Etat Ecclesiastique; la Marche-d'Ancone, l'Vmbria, la Duché de Spoleto, la Duché d'Vrbain, la Romagne, la Duché de Ferrare, Boulogne, auec tout son territoire, dont Viterbe est la Capitale; la Principauté de Beneuento dans le Royaume de Naples, & hors d'Italie la Comté d'Auignon. Rome, Boulogne, & Peruge, ont des Academies publiques. On dit que les Papes tirent de leurs Etats deux millions & huit cens mille écus chaque année, & que sans trop de rigueur ils peuuent en tirer jusqu'à cinq millions. Les Doüanes & les Gabelles sont entre les mains de quelques Particuliers, pour satisfaire à dix-huit millions que l'Eglise doit. Ils ne peuuent guere mettre plus de huit mille Hommes sur pied. Leurs forces sur Mer ne sont rien, ou peu de chose. Ils n'y ont que deux Ports principaux pour le trafic du Ponant & du Leuant. Ils n'arment que trois Galeres, qui seruent plus au Commerce qu'à la Guerre. Le Royaume d'Angleterre releue d'eux, bien qu'ils n'en soient plus reconnus : Il leur a payé plusieurs années vn tribut qu'on appelloit le Denier du Pape. Le Grand Duc de Toscane en releue, à cause de la Forteresse de Radicofani ; celuy de Parme, & presque tous les Barons Romains. Leur Gouuernement est vne absoluë Monarchie : aussi conferent-ils toutes les Dignitez à leur gré. Il y a d'ordinaire soixante-dix Cardinaux. Quelques-vns d'eux, qu'on tire de ce nombre, quelques Euesques, quelques Diacres, & quelques Prestres choisis pour cela, s'assemblent toutes les semaines vne fois dans le Palais du Pape pour y faire vn Consistoire, où l'on traitte des interests de l'Eglife, & de la maniere de receuoir les Ambaſſadeurs. Le Cardinal Neveu s'appelle toûjours le Cardinal Patron, & d'ordinaire tout fe conclut à fon gré. Le Pape communique fon intention au Sacré College, pour rendre fes déliberations plus fortes, & pour les faire fubfifter apres fa mort. La plufpart des Charges dedans & dehors de Rome font exercées par des Cardinaux ou des Prelats. Celle de Vice-Chancelier eſt toûjours poffedée par vn Cardinal. Le Camerlingo, qui a droit fur la Chambre Apoftolique, a vne Clef du Trefor. Le Siege vacant, il eſt gardé par les Suiffes qu'auoit le Pape. Il fait battre monnoye marquée de ses armes. Il fait tenir le Conclaue, & demeure dans le Palais & dans l'Apartement du Pape. L'Auditeur de la Chambre juge de toutes les appellations de l'Etat: Et la Rota, qui est composée de douze Prelats, dont l'vn est Alleman, vn François, deux Espagnols, & huit Italiens, connoist de toutes les Causes Beneficiales, & par appellation de toutes celles de l'Etat. Outre toutes ces Chambres, il y en a vne qu'on appelle Apostolique, composé du Cardinal Camerlingo Gouuerneur de Rome, & de Prelats de toute sorte de condition. On y traite des interests des Moynes, des Reuenus

Reuenus publics, des Fiefs Ecclesiastiques, & des Communautez. Le Mareschal de Rome connoist de toutes les Causes criminelles de peu de consequence. Le Senateur qui demeure au Capitole, & deux Iuges Fiscaux, sont ceux des Nobles. La premiere Dignité est celle de Prefet de Rome; dans l'absence du Pape, il est Gouuerneur de la Ville, & dispute le pas à tous les Ambassadeurs. Les Papes viuent bien auec l'Empereur, tres-bien auec l'Espagne, auec la France, comme il plaist au Roy. Quelques interests les broüillent eux & Monsieur le Grand Duc. Ils ont peu d'intelligence auec celuy de Modene, à cause de quelques pretentions : Ils en ont dauantage auec celuy de Sauoye, guere auec la Republique de Genes, & peu ou point auec celle de Venise. Si ce n'estoit pour moy le plus grand plaisir du monde, de vous obeïr & de vous contenter, ie ne me resoudrois iamais à vous écrire cent choses que ie ne sçay pas trop bien, & qui m'ostent la liberté de penser autant à vous que ie le voudrois & que ie le dois.

De Rome. Pour Carite, à qui ie parle succintement de Frescali & de Tiuoli.

PArdonnez-moy, Madame, si ie ne vous décris ny Frescali, ny Tiuoli; tout ce qu'on en dit n'est point au dessus de ce qu'on en doit dire, & leur beauté égale bien leur reputation. Ce ne sont que Terrasses les vnes sur les autres, Balustrades, Ornemens, Figures, Citroniers, Orangers, & parmy tout cela vn Torrent d'eau qui semble se precipiter d'vne Montagne, & qui fait par sa chute que l'Art conduit, des beautez rauissantes en tous les endroits où il passe. C'est vis-à-vis de la Maison qu'il s'assemble & s'arreste pour en representer cent autres aussi rares qu'elles sont diferentes. Les Cors, les Orgues, le son des Instrumens & le chant des Oyseaux, y font chacun leur partie & leur agrément. Toutes les Muses se trouuent en vne Salle basse, & c'est là où l'Art qui peut tout, quand on s'en sçait seruir, a trouué le secret de rafraischir les Gens à la faueur des vents que l'Industrie y produit: C'est dans cet aimable Iardin, où l'on peut se promener agreablement en des lieux qui deuroient estre inaccessibles, & où enfin l'esprit demeure tellement suspendu, & tellement hors de soy, qu'à peine peut-il juger de ce qui est de plus aimable parmy tant de choses excellentes. Cependant, Madame, toutes ces beautez qui gagnent & qui touchent si sensiblement les yeux, le cœur, & l'esprit de ceux qui les voyent, n'ont pas pû la mesme chose sur moy. Voyez ce que vous faites, & jugez par là de la passion auec laquelle ie vous honore. Ie ne vous dis rien de Tiuoli, il a ses beautez; mais ie les ay si mal veuës, qu'elles m'ont beaucoup moins touché que celles de Frescali. Adieu, Madame, jusqu'à Naples, d'où ie vous donneray de mes nouuelles.

Pour Carite. De Naples, de ses dépendances, de ses reuenus, & de l'autorité du Vice-Roy, &c.

CEtte Ville, qui est la Capitale du Royaume, est belle, grande, & vn peu moins peuplée qu'à l'ordinaire, à cause de la Peste qui l'a fort rauagée. La vengeance n'y est guere moins dangereuse qu'elle: c'est assez d'estre parent de la dixiéme branche pour n'estre pas à l'abry d'vne injure pretenduë; & s'il est vray ce qu'on dit, de plus de soixante Personnes de deux diferentes familles broüillées, à peine en peut-on trouuer vne. Icy, comme en toutes les autres Villes d'Italie, on voit vne multitude de choses curieuses, mais pour les dépeindre, il faudroit estre Sculteur, Architecte, & Peintre, & ie ne suis que vostre, &c. On dit que cette Ville a eu jusqu'à sept cens mille Habitans. Elle a esté sous la puissance de l'Eglise, sous celle de Suede, sous celle de Charles d'Anjou, sous celle d'Aragon, & presentement elle est sous celle d'Autriche. Ses Prouinces principales sont la Terre de Lauoro, la Bruzzo, la Basilicata, la Calabria, qui ont toutes ensemble cent Villes, plusieurs Eueschez & Archeueschez. Son Escadre doit estre de vingt Galeres; on y peut mettre sur pied cent cinquante mille Hommes, & vingt mille Cheuaux. Naples seul paye au Roy d'Espagne trois millions & huit cens mille écus tous les ans, & du reste du Royaume il en tire deux millions. Le Vice-Roy y gouuerne ordinairement trois ans: Il nomme chaque Gouuerneur de Prouince, & le reçoit auec la Patente du Roy. Sa puissance est supréme sur tous les Officiers du Royaume. Il y en a sept principaux, le Connestable, le Grand Iusticier, le Grand Chancelier, le Protonotaire, le Grand Seneschal, & l'Admiral. Vn Vice-Roy de Naples ne sçauroit estre Empereur sans la dispense du Pape; & moy, Madame, ie ne sçaurois estre vostre, &c. sans la vostre. Ne me la refusez pas ie vous prie, & croyez qu'on ne peut estre plus à vous que i'y suis.

Pour la mesme. Des environs de Naples, où l'on voit plusieurs restes d'Antiquitez curieuses.

Quelque chose qu'on die de ces grands Hommes dont le nom fait encore tant de bruit, nous sommes plus heureux qu'eux, puis qu'ils ne viuent plus : ce qui reste de leurs ouurages en ce Païs, est bien plus la marque de leur foiblesse que de leur grandeur; & ie ne voy pas que pour auoir eu plus de biens & d'ambition que les autres, ils en ayent plus vescu. Mais à quoy bon ces reflexions? Ie vous diray donc que ce qu'on appelle la Grotte de Lucullus est vn ouurage sans exemple: Il aima mieux se faire ouurir vn chemin de mille pas de long, & de plus de vingt-cinq de large, que de se donner la peine de la monter pour aller à sa Maison de campagne. Voila ce qu'a fait l'Art, & ses desirs. Tres-peu loin de là, la

GALANTES. 83
Nature fait vne chose surprenante : à peine vn Chien peut-il rester vn demy quart-d'heure dans vn petit enfoncement qui se trouue dans vne grosse Montagne, qu'il y expire, si on ne le jette promtement dans vn Lac qui en est à vingt pas ; & les flambeaux allumez s'éteignent dans ce mesme Reduit, quand on les tient pres de terre. A vne bonne lieuë de là, on passe vn trajet de Mer d'enuiron vne lieuë, pour aller voir vne grande Salle taillée dans le roc ; chaque coin a son bain aussi taillé dans la mesme pierre, & chaque bain ses vertus & ses remedes. A cent pas de là, on monte par vn escalier

de pierre jusqu'à la moitié d'vne autre Montagne, où l'on trouue en entrant plusieurs lits taillez dans le roc, & à gauche vne ouuerture de la largeur d'vn pas, où l'on ne se conduit qu'auec de la lumiere: l'air qui s'y respire, est si brûlant, que ie ne pûs la premiere fois me resoudre à m'auancer; & i'en aurois desesperé la seconde, sans qu'en estant moins incommodé plus on est pres de terre, ie fis faire à mes mains la moitié de l'ouurage de mes pieds, pour me conduire jusqu'au bout: à peine y fus-je vn instant, que ie me trouuay tout moüillé de sueur, & reduit à m'en retourner. Il reste encore sur la mesme Coste, le Tombeau d'Agripine, & les restes des Temples de Diane & de Vénus. Ce seroit à Paris où l'on verroit le vostre, Madame, si les Déesses d'aujourd'huy estoient en la mesme veneration que celles du temps passé. Continuant son chemin le long de la Mer, on voit ce Lieu où Hortensius nourrissoit des Poissons, qui venoient à sa voix. Il y reste aussi le commencement du Pont que Caligula eut dessein de faire construire pour passer ce trajet. On y voit ce qu'on appelle Piscine, qui est vn lieu soûterrain, soûtenu d'vn grand nombre de piliers qui se conseruent tous entiers : c'est là où l'on gardoit l'eau douce pour fournir aux Vaisseaux qui en auoient besoin pour leurs courses ou pour leurs voyages. On y voit aussi ces cent Chambres sous terre, où Neron faisoit garder ses Esclaues. Il y reste encore vne espece de Tour qui ressemble à nos Fuyes, où l'on mettoit les cendres des morts. On y voit les Champs Elisées, ce lieu si vanté & si fameux, où les ames (à ce que disoient les Anciens) alloient gouster vn plaisir eternel, & tout auprés vn petit bout de Mer où Caron se tenoit auec sa Barque, pour les passer. Que nous sommes heureux de ce qu'il n'y a point passé les nostres!

Au moins ie puis encore esperer l'honneur de vous voir, & de vous dire auec quelle sincerité ie vous honore.

De Venise. Des Terres que possede la Republique de Venise, de ses Reuenus, de son Administration, de ses Ordres, & de ses Alliances.

EN passant, i'ay veu Laurette, ce Lieu qui merite autant d'admiration que de loüanges, & que l'on doit plutost adorer que décrire. La Chambre de la Sainte Vierge est toûjours simplement comme on l'y a trouuée, aucun ornement n'y pouuant subsister; les dehors sont de marbre & fort embellis: Mais ce qui me paroist aussi miraculeux, c'est de voir qu'vn si riche tresor, & si mal gardé, n'ait point esté la proye des Infideles qui pouroient si aisément y descendre, & l'enleuer. Mais parlons de Venise, cette Ville sans exemple, & l'admiration du monde. Sa situation n'a point de pareille, & ses beautez n'ont guere de comparaison. On dit qu'elle a cent quatre-vingts mille Habitans qui se diuisent en Nobles, en Citadins, & en petits Peuples. La Republique possede auec cette Ville, vne partie de la Lombardie, Vicense,

GALANTES. 89

Vicenſe, Verone, Breſſe, Bergame, Creſme, Salo, Peſchiera, auec le territoire du Duché de Mantouë, la Comté de Rouego, la Marche-Treuiſane, la Prouince de Frioli, la Dalmatie Membre du Royaume d'Hongrie, l'Iſle de Corſe, la Cefalonie, & le Royaume de Candie. Ses reuenus peuuent monter juſques à quatre millions & deux cens mille Ducats chaque année, ſans parler de ce qu'elle tire pour ſuruenir à la guerre qu'elle eſt obligée de ſoûtenir contre les Turcs. Elle peut mettre ſur pied huit mille Hommes, & ſix mille Cheuaux, huit Galeaſſes, douze Vaiſſeaux, & cent Galeres;

H

à peine en ont-ils trente. L'Arsenal, duquel ils tirent tout cela, est vne des plus rares & des plus curieuses choses du monde; tout y est propre, & chaque chose est en sa place; ce qui est bon pour vn vsage, n'est point confondu auec ce qui est bon pour vn autre, & rien ne ressemble mieux vn Corps dont toutes les parties s'entr'aident reciproquement sans se confondre. Les Conseillers sont obligez de le visiter deux fois toutes les semaines. Ils sont tirez des cent cinquante Familles qui ont le soin & le gouuernement de cette Republique: Il est Aristocratique. Tous ses Ordres se diuisent en Conseillers, ou en Magistrats, qui sont ou publics, ou particuliers. Les premiers traitent de ce qui appartient immediatement à l'Etat, où tous les Nobles peuuent assister, apres auoir prouué leur âge de vingt-huit ans, & vne naissance legitime. Leur Chef s'appelle Doge; il fait battre monnoye marquée de ses armes. Sa dignité est perpetuelle, bien qu'elle ne soit plus hereditaire comme du temps passé, & que son suffrage n'ait rien au dessus des autres. Il n'oseroit sortir des Etats sans congé : Ses Enfans sont Senateurs del Pregadi, & font les écritures & les explications publiques en son nom. Le

Pregadi a esté produit pour faciliter les déliberations de l'Etat: c'est comme l'ame du Grand Conseil, qui est composé d'ordinaire de soixante Senateurs, ausquels on en adjouste autant d'autres, auec lesquels entre au Conseil le Prince, auec la Seigneurie, & quelques Magistrats qu'ils y admettent seulement comme témoins, & non pas pour y déliberer ny donner leur suffrage: C'est là où l'on traitte de ce qui touche la Guerre & des Impôts dont on a besoin pour y suruenir. Ce qu'ils appellent College, est composé d'vn nombre de Sages qui reçoiuent les Ambassadeurs, qui écriuent, & qui répondent aux Princes : C'est luy qui choisit les Sages de Terre & de Mer, qui choisit vne partie des Conseillers, & les Generaux dont ils ont besoin pour leurs troupes. Outre ce Conseil, il y en a vn autre de Dix, qui prit naissance de la conjuration de Tripoli: Son autorité est supréme; on en tire tous les mois trois Senateurs, qu'on appelle Chefs, qui traittent auec vne moindre puissance des matieres qui demandent de la diligence & du secret. Ce qu'ils appellent Seigneurie, consiste en la personne du Doge, six Conseillers, trois Chefs, & 40. Conseillers : C'est elle qui represente la majesté de la Republique, & qui interuient à toutes les déliberations du Senat. Les Magiſtrats publics, ſont les Procurateurs, qui ont intendance ſur les Egliſes & ſur les Treſors de S. Marc: Ils ſont Gardiens des Titres les plus importans. Ils ſont logez aux deſpens de la Republique, & leurs Charges ne finit qu'auec leur vie. Les particuliers, ſont ceux qui connoiſſent des intereſts particuliers de la Iuſtice & de la Police. Il y en a dont le droit ne dure qu'vn an; cela dépend de la volonté du Senat. Les Citadins n'ont que voir au Gouuernement. Il y en a qu'on enuoye pour Reſidens, d'autres qui ſeruent de Secretaires à la Republique. Ils ont vn Chef qu'on appelle Grand Chancelier: sa Charge est perpetuelle, & luy donne part aux secrets de la Republique. Elle est en bonne intelligence auec l'Empereur, bien que leurs limites leur donnent toûjours quelque chose à démesler auec luy. Elle craint les forces de France. Elle est assez bien auec l'Espagne, bien auec l'Angleterre, ny bien ny mal auec le Pape. Elle se pretend Maistresse du Golphe, ne permettant à personne d'y nauiguer sans sa permission: C'est vn droict qu'elle doit à ses armes, qui luy donnerent la victoire sur Othon Fils de Federic; & c'est en sa memoire qu'elle épouse la Mer le jour de l'Ascension. Ie dois m'en souuenir, Madame, i'y pensay me noyer : Pensez à ce que vous auriez perdu en perdant vostre, &c.

Des Passe-temps de Venise.

LEs Femmes de Venise se diuertissent plus que celles de Rome, bien qu'elles se diuertissent moins qu'elles ne voudroient. Elles profitent tant qu'elles peuuent du temps des Foires, du Cours, des Opera, & des Nopces. Le Festin s'en fait entre les Amis, & il est libre à chacun d'y aller
l'apres-

l'apresdisnée ou en son habit, ou masqué. Y danser, c'est se promener de Chambre en Chambre, tenant vne Femme par la main, & enfin la mettre en vne Chaise, ou entre les mains d'vn autre Homme. Si la Femme prend, l'Homme est à sa droite : si elle est prise, il est à sa gauche. Ils se promenent éloignez les vns des autres de deux pas; de sorte qu'vne partie est à la sixiéme Chambre, pendant que l'autre est encore à la premiere. Ils sont sans gans, & c'est vouloir danser que de les quitter lors qu'on prend sa place. Depuis quelques années ils se parlent en dansant. Les Hommes sont bien faits, ciuils, & affables; on en connoist aisément plusieurs, quand on en connoist vn: mais qui veut faire commerce auec eux, n'en doit point auoir auec les Ambassadeurs. Vn Gouuerneur n'oseroit quitter son Poste pendant les dix-huit mois de sa Charge. Ceux qui en ont eu, sont traitez d'Excellence, & c'est toute la qualité qu'ils donnent aux Princes d'Italie quand ils ont conference auec eux, ou qu'ils les visitent. Quand vn Enfant noble naist, il faut le faire écrire sur le Liure. Ceux qui s'anoblissent, ne peuuent auoir de Charges; cependant ils ont leurs suffrages comme les autres. Leurs Enfans n'en sont plus distinguez. D'ordinaire il n'y a que l'aisné en toute l'Italie qui se marie; & les Filles ne sortent du Conuent que pour épouser: Elles peuuent porter des perles, & faire porter des liurées les six premiers mois de leur mariage; hors ce temps-là, il n'est permis qu'aux Parens du Doge, leur maxime estant d'oster l'occasion du luxe & de l'enuie. Les Charges & les Emplois s'y donnent à la fortune & au merite. Si c'est du mien que ie dois esperer vostre amitié, que ie cours risque d'estre malheureux! & qu'il y a d'apparence que vous n'aimerez iamais vostre, &c.

Des Habits, & de la maniere d'agir des Femmes de Venise.

Vous dire que Venise est vne des Merueilles du Monde, que les Ruës sont autant de Canaux, & que cette admirable Ville qui est dans la Mer, en sort auec vne magnificence incomparable, c'est me semble ne vous rien dire de nouueau : mais peut-estre que vous n'auez point encore oüy parler que cette mode de Patins qui faisoit vn Geant de chaque Femme, est abolië, & que presentement on peut les salüer sans danger.

Comme elles ont presque toutes les yeux, le teint, & les cheueux beaux, il ne seroit pas mal-aisé de les trouuer agreables en leurs Gondolles. Pour moy, si i'en aimois quelqu'vne, & que i'eusse dessein de l'aimer toûjours, ie tâcherois de ne la voir point ailleurs, car ie ne sçay si ma constance pouroit s'accorder long-temps auec vne teste baissée, vne reuerence de trauers, & la plus traisnante allure du monde. Leurs habits ressemblent le mieux qu'elles peuuent à ceux des Femmes de France: bien que leurs Loix qui defendent les pierreries, empeschent qu'on ne les voye auec beaucoup d'ornemens, on ne laisse pas de les voir auec beaucoup de propreté. Leurs jours sont reglez comme ceux des Ecoliers; il n'y en a point qui leur plaisent que les Festes, pendant lesquelles elles restent à l'Eglise le temps de cinq ou six Messes, sans y en entendre vne. On s'étonne de les voir sans Heures & sans Chapelets, regardant incessamment de tous costez: mais pour moy ie ne trouue point étrange que des yeux qu'on a tenu prisonniers toute la semaine, prenent vn peu l'essor le Dimanche. L'apresdisnée de ces jours-là se passe en des Conuents, où il y a peu de Parentes qui ne reçoiuent visite de ses Parentes, ny guere d'Amans qui n'aillent se faire voir à leurs Maistresses. Le soir, que la chaleur commence à cesser, on se rend au Fresco: c'est là où cinq ou six cens Gondolles se courent; où, comme à la Messe & aux Conuents, certains cœurs que le Destin a fait les vns pour les autres, se trouuent & se suiuent, & où sans parler il n'y a point de soins qu'ils ne se rendent, ny de protestations qu'ils ne se fassent: c'est là où mille soûpirs passent de Barque en Barque, & où malgré le bruit & la confusion, chaque cœur a le plaisir de connoistre & de faire voir qu'il est parfaitement aimé. Qu'on a grand tort, de donner si peu de liberté à des Femmes qui s'en feruent fi bien! A vous dire ce que i'en penfe, il ne tient point à elles qu'elles n'en ayent dauantage, fi deux Salopes qui ne les quittent iamais, & deux Hommes dont elles font obligées de fe feruir pour mener leurs Gondolles, ne s'y opofoient point, ie croy qu'elles feroient d'affez bonne humeur pour dérober quelques heures à leurs Marys en faueur de leurs Amans: Mais n'y auroit-il pas quelque juftice qu'elles fe vengeaffent du tort qu'on leur fait de les cacher fi long-temps? & eft-il raifonnable qu'vn Homme qui ne donne pas la quatriéme partie de foy

GALANTES. 105

mesme à sa Femme, en ait toutes les pensées, tout l'esprit, & aussi absolument le cœur, que vous auez celuy de vostre, &c.

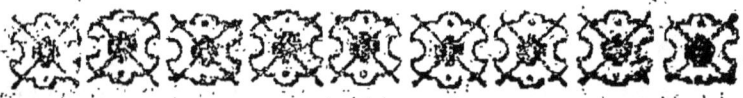

De Venise le 12. Iuin. Pour Madame de*** qui me prioit de luy mander ce que ie faisois.

PVis que vous voulez que ié vous rende compte de ce que ie fais; ie vous diray, Madame, que i'ay plus resté icy que ie ne pensois, & que ie commence à m'y ennuyer à present que la Foire est finie, & qu'il n'y a plus ny Danseurs de Cordes, ny Ioüeurs de Marionettes. A ne vous rien déguiser, il faut se mettre à tout hazard comme vous me mandez, ou il faut trouuer les heures longues dans vne des plus rares Villes du Monde. Hormy les Festes, les Femmes ne sortent presque point: le soir des autres jours, il y en a quelqu'vne que la fraischeur, ou quelqu'autre chose attire sur son Balcon. Entre les Gondolles qui passent dessous, il y en a toûjours quelqu'vne qui y fait plus d'vn tour, & qu'elles regardent plus d'vne fois. Mais le moyen de n'aimer pas vn Amant, en vn lieu où la jalousie, les soupçons, & la rigueur d'vn Mary, en font vn Tyran? Ie passe donc comme les autres le matin des Festes à l'Eglise, l'apresdisnée dans des Conuents, où l'on peut s'approcher & regarder les Femmes tant qu'on veut sans leur parler. Le soir ie me trouue au Cours auec la foule: vous ne sçauriez croire le plaisir qu'il y a d'obseruer tout le monde, & combien l'Amour, qui par tout ailleurs fait toutes choses sans beaucoup de précaution, prend à tâche de le faire icy auec seureté pour la personne de l'Amant, & pour la reputation de l'Amante. A ne vous rien déguiser, tous ces petits soins, & tous ces petits tours, me parurent si jolis, que l'enuie me prit d'en faire de mesme, m'imaginant que l'Amour qui garde si soigneusement ceux qui s'y soûmettent ne m'abandonneroit pas. Ie regarday donc vne Belle preferablement à toutes les autres; & toutes choses estant comptées icy, ie m'imaginay que i'en deuois plus faire que les autres Amans, moy qui n'y deuois pas tant rester, & que n'y pouuant seruir ma Dame cinq ou six ans comme on a de coustume, ie deuois faire en cinq ou six jours ce qu'ils font d'ordinaire en plusieurs années. Ainsi mes soins s'accordant assez bien auec mon humeur brusque & passionnée, ie me trouuay deux ou trois fois en vn mesme jour où estoit ma Belle : ie la saluay, ie la guignay, ie m'entretenois d'elle auec ceux qui en estoient prés, n'osant pas luy parler; & comme ie sçauois que bien que tout y fut compté, mon tout se monteroit à peu, il n'est point de postures & de contorsions que ie ne fisse: tantost i'estois sur vn pied, & tantost sur l'autre; ie m'approchois, ie m'éloignois, ie me grattois, ie me pinçois; & quelquefois assis, & quelquefois debout, n'osant pas prendre la liberté de soûpirer, ie prenois celle de baailler: mais enfin par bonheur ou par malheur, il arriua que voulant mordre mes ongles, ie mordis mes doigts, & que le sang qui en coula, réueillant vn peu celuy de ma teste, ie commençay à reuenir de mon étourdissement, & à sortir auec vn peu plus de raison que d'amour. Voila, Madame, ce que ie fais: ie voudrois que vous me donnassiez occasion de faire autre chose, & de vous témoigner auec quelle ardeur ie suis vostre, &c.

*De Venise. Pour Madame la Comtesse de *** à qui i'écriuy par occasion, luy écriuant pour M. son Fils, blessé au bras.*

EStre auec Monsieur le Comte de.... luy seruir de Secretaire lors qu'il vous

GALANTES. III
donne de ſes nouuelles, & ne vous proteſter pas ſes tres-humbles reſpects, c'eſt ce qui me paroiſt impoſſible, Madame. Vous ſerez ſans doute ſurpriſe, en les receuant d'vn Homme que vous auez peut-eſtre oublié; mais ie ſeray bien aiſe, ſi i'ay ce malheur, qu'il ne dure pas toûjours, & que vous vous apperceuiez que rien ne m'empeſche de vous honorer autant que ie le dois. Au reſte, Monſieur le Comte de..... eſt inconſolable des ſentimens qu'on a conçeu de ſon démeſlé. Pour moy, qui ſçais combien vn merite extraordinaire fait de jaloux, ie ne trouue point étrange que le ſien luy en at-

tire. Quoy qu'on en die, l'on se defabufera vn jour; tant de veritable brauoure, & tant de bonnes qualitez, ne fçauroient qu'elles n'ayent enfin toute l'eftime & toute la reputation qu'elles meritent, & que leur defire voftre, &c.

D'Infpruc. Pour Carite, à qui ie continuë à rendre compte de mes Voyages.

TRente eft petit, & l'on n'en parleroit pas, fans le Concile qu'on y a tenu. Cette Ville l'eft encore dauantage. En me couchant, ie m'imaginay que mon Lit eſ-
toit

toit plus grand qu'elle: cependant il faut auoüer sans contestation qu'il n'en est rien. C'estoit le sejour des Archiducs, dont la race s'éteignit il y a trois semaines, par la mort du dernier qui auoit esté Archeuesque de Salsbourg. Cet Estat est presentement possedé par l'Empereur. Ses reuenus peuuent aller jusques à trois millions, bien que les Sujets ne payent que peu de chose. Le reste se tire ou des Mines, ou des Montagnes de Sel. A chaque muance de Seigneur, les Païsans peuuent chasser indiferemment par tout vn an durant, en reconnoissance de ce qu'ils en rétablirent autrefois

K

vn, & qu'ils le remirent en paisible possession de ses Etats. Ils ont leur Iustice particuliere, de laquelle ils appellent à celle de la Ville, & de celle-là on peut aller à celle du Prince.

De Salsbourg. De l'Archeuesché de ses reuenus, de son pouuoir & de son élection.

SAlsbourg est plus grande & plus belle. C'est vn Archeuesché, dont le reuenu monte à deux millions, & dont il dispose souuerainement. I[l] est Prince de l'Empire, & fai[t] par l'élection des Chanoine[s] de son Chapitre, qui doiuent tous estre Nobles de trente-deux races de Pere & de Mere. Il peut estre dépossedé par ceux-mesmes qui le font, mais il faut des raisons fortes & pressantes. Depuis quelques années il a fait fortifier sa Ville, & presentement on peut dire qu'elle est bonne & belle. Que ie voudrois bien en pouuoir dire autant de vous, Madame: Ie sçay que vous estes belle; mais si vous ne m'aimez, ie ne sçaurois croire que vous soyez bonne, & c'est ce que desire ardemment vostre, &c.

De Passau. De son Euesché, de sa situation, de ses reuenus, de ses Riuieres, dans l'vne desquelles on trouue des perles.

PAssau est aussi vn Euesché & Principauté de l'Empire. Il est possedé par le Frere de celuy de Salsbourg. Trois Riuieres considerables entourent cette petite Ville, la plus petite fournit des coquilles vn peu plus longues que celles des huistres, dans lesquelles on trouue des perles. Il est defendu sur peine de la vie d'y pescher; & ceux qui en sçauent le secret, s'engagent par serment de ne le pas apprendre à d'autres. Ses reuenus ne surpassent pas sept cens mille liures. Plût à Dieu que les miens en approchassent! au moins peut-estre qu'vne fois en ma vie ie pourois vous estre bon à quelque chose, & que cette forte passion que i'ay de vous seruir, ne vous seroit pas toûjours inconnuë. Adieu, Madame, n'oubliez pas vostre, &c.

De Vienne en Autriche. Pour Carite. De sa situation, des plaisirs de l'Empereur, de son pouuoir, & de celuy des Electeurs; ce que c'est que Roy des Romains; & de la Diette.

Vienne est située sur vn des bras du Danube, des Vignes & quelques Bois l'enuironnent. On n'y voit presque point de Maisons au dehors, hormis celles de l'Empereur, qui ne seroient en France que des Gentilhomieres. Son Palais n'est ny grand ny magnifique; tout a esté fait piece à piece, aussi bien que ses Fortifications, qui pour n'estre pas regulieres, ne laissent pas d'estre bonnes. L'Empereur ne souffre dans ses Etats ny Lutheriens, ny Caluinistes, & l'on dit qu'il ne deuroit pas souffrir les Iesuites; mais voila l'effet de l'Enuie, qui s'en prend mesme aux Gens de la Compagnie de Iesus. Il reside toûjours à Vienne, hormis le temps de la Chasse du Heron & des Bestes fauues & noires, où il se diuertit fort, & où les Païsans enragent. Ce plaisir, & celuy de la Musique, luy coûtent extrémement cher; il prend les autres à meilleur marché. A ce qu'on m'a dit, ce mot d'Empereur est plus

specieux que puissant. Son autorité est tres-limitée : c'est vn Chef, mais qui n'a presque point d'action que par le mouuement des Electeurs, & qui n'en sçauroit auoir sans contreuenir aux Coustumes & à son serment. Ses mains sont si courtes & si foibles, qu'il ne sçauroit éleuer personne à quelques Dignitez, si ces Messieurs n'y consentent & ne l'aident. Son pouuoir n'est pas moins borné pour les Ecclesiastiques, les Papes s'estans donnez le droict d'en nommer, & pendant vn temps considerable celuy de les faire venir à Rome pour y estre couronnez. La puissance des Electeurs ne va pas non plus
si

si loin qu'ils pensent. Ils croyoient deuoir estre égaux aux Roys; mais on juge bien que cela n'est pas, puis que celuy de Boheme qui deuoit estre le dernier, est le premier, à cause de sa qualité de Roy. Rien ne les rend plus considerables que le droict qu'ils ont de faire vn Empereur, & de le défaire quand ses actions ne répondent pas à ses obligations. Chacun d'eux a son Rang & sa Charge; tous peuuent se nommer eux-mesmes à l'Empire, hormis ceux de Mayence, de Tréues, & de Cologne, qui sont Ecclesiastiques. Le Comte Palatin, & le Duc de Saxe, sont les Vicaires de l'Empire, & en cela ils semblent auoir quelque chose au dessus des autres. Ils peuuent l'vn & l'autre legitimer des Bastards. Le dernier peut racheter ce que l'Empereur vend : c'est deuant luy qu'il est assigné, & c'est luy qui seroit le Rapporteur de son Procez, s'il estoit criminel. Quand il mange en ceremonie, il est seruy par les Vicaires des Electeurs. Cet honneur ne seroit pas permis à leurs Ambassadeurs, si ce n'est à ceux des Ecclesiastiques. Celuy de Mayence le couronne. On dit que l'Empereur estant de la Maison d'Autriche, peut guerir v[n] Goitreux, en luy donnant v[n] verre d'eau de sa main; &

qu'en baisant vn Begue, il peut luy dénoüer la langue. Ie ne sçay ce qui en est; mais personne ne doute que ceux de cette Maison n'ayent presque alliené tous les reuenus de l'Empire, afin (dit-on) que personne ne fut en estat d'y pretendre qu'eux. Par ce mot de Roy des Romains, qui est encore l'ouurage des Electeurs, on entend vn Vicaire perpetuel de l'Empereur, qui succede immanquablement à l'Empire apres sa mort, & qui n'a aucune autorité propre pendant sa vie. L'Empereur peut conuoquer les Diettes auec le consentement des Electeurs, sans lequel rien ne s'y concluroit vtilement. Pour les auoir, il leur écrit vne Lettre circulaire, leur exposant les necessitez de l'Empire, & se rendant le premier au lieu de l'Assemblée, pour faire voir qu'on est allé les trouuer. Elle consiste en trois Corps principaux, celuy des Electeurs, celuy des Princes de l'Empire, dont tous sont Protestans, excepté le Duc de Neubourg, dans lequel entre celuy des Comtes, des Barons, & des Cheualiers de l'Empire, conseruant chacun son priuilege & sa liberté. Le troisiéme est celuy des Villes franches ou Imperiales, qui ne reconnoissent point d'autre Seigneur que l'Empereur, auquel ils payent annuellement vne certaine somme. Elles viuent à peu prés comme les Republiques; la liberté de conscience y subsiste, & les peuple de ceux que la pieté de l'Empereur chasse des siennes, où l'on ne voit point d'Heretiques. Le lieu de la Diette n'est point fixe; chaque Membre y fait vn Conseil selon son ordre, & l'Empereur propose tout ce qu'il croit conuenable aux interests de l'Empire, & aux siens propres; surquoy chaque Conseil délibere. Depuis quelque temps les Princes se contentent d'y auoir des Enuoyez, qui n'ayant qu'vn pouuoir tres-limité, y employent toûjours beaucoup de temps, & n'y concluent que peu de choses. Voila à peu pres, Madame, comme il en va de mes affaires auec vous. Iugez si cela est bien, & si vous traittez comme il faut vostre, &c.

De Vienne. Pour la mesme. De la Iustice, & des Benefices d'Allemagne, & des Priuileges de la Noblesse.

VOyez, Madame, comme i'abandonne les affaires de mon cœur, pour penser à celle de vostre plaisir & de vostre curiosité: Bien que ie vous aime plus que toutes choses, ie ne vous en dis pas vn petit mot, croyant vous obliger davantage de vous parler de la Iustice & des Benefices de ce Païs. Tous les Sujets la demandent en dernier ressort à Spire. L'Empereur, les Electeurs, & les Cercles, y nomment autant de Sages qu'il en faut pour faire le nombre de Iuges necessaire. Le Chef est Prince, & tous sont Gentilshommes, ou Docteurs, ou Catholiques, ou Protestans, selon les Gens qui les donnent. Cercle est vne espece d'Assemblée qui a seance à la Diette, & c'est ie croy celle des Villes franches ou Imperiales, qui ont toutes vn Etat populaire. Elles sont ou libres, ou partie libres, & partie sujettes. Les premieres ne reconnoissent que l'Empereur, & ont quelque part au droict de Souueraineté. Les secondes releuent des Princes, Seigneurs, ou Gentilshommes: elles respectent leurs Ordres, & obeissent à leur Iustice: ce sont celles qui de Sujettes qu'elles estoient, s'en sont retirées par quelque priuilege qu'elles ont obtenu des Empereurs, des Princes, ou de leurs armes, n'ayant pourtant ny voix ny seance aux Assemblées comme les premieres. Quittons les, Madame, pour parler des grands Benefices de ce Païs: on les peut dire grands, y en ayant qui donnent à leur Possesseur, auec le Titre de Souuerain, plus de deux millions de reuenu. Ils se donnent tous ou par élection, ou par postulation : par élection, quand les deux tiers du Chapitre en nomment vn ; par postulation, quand les mesmes Chanoines trouuent à propos d'éleuer à cette Dignité vn Prince ou Prelat qui n'est pas de leur Corps : Mais comme vous l'auez sans doute oüy dire, tous les Gentilshommes ne sont pas admis dans les Chapitres dont on tire des Electeurs de Mayence, de Tréues, & de Cologne, ny mesme dans ceux dont on choisit les Euesques & les Prelats. Pour y auoir place, il faut prouuer trente-deux Races nobles de Pere & de Mere; ce n'est pas que les autres Gentilshommes n'y ayent de grands priuileges, & qu'il n'y en ait d'aussi absolus sur leurs Terres, que le peut estre sur les siennes vn des premiers Seigneurs de l'Empire, sur lesquelles personne ne peut rien imposer que luy. Il y en a d'autres qu'on ne sçauroit appliquer à la Question; d'autres qu'on ne sçauroit condamner aux Galeres, quand ils seroient mesme criminels; d'autres sont francs pour les peages, & tous exempts de la prison, quand il n'est question que de debtes. Ie ne sçay si vous serez assez informée de ce que ie vous mande; mais ie vous jure que ie n'en sçay pas dauantage, & que i'aurois plus de plaisir à vous le dire cent fois, qu'à vous l'écrire vne. Ie vous prie tres-humblement de le croire, Madame, & qu'on ne peut estre plus sincerement que ie le suis, vostre, &c.

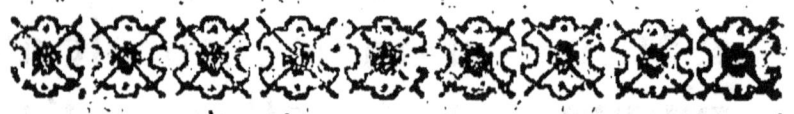

De Vienne au retour d'Hongrie. De leurs Terres, de leurs habits, de leurs mœurs, de leurs Loix, de leurs forces, & de leurs Places.

J'Arriue d'Hongrie ; le Danube qui l'arrose y est d'vne grandeur & d'vne beauté surprenante. Presbourg est la Capitale de ce qui reste à l'Empereur. Raab & Gomore y sont fortes, & parfaitement bien munies. Freschetat, & deux autres Places où l'on trauaille, arresteront (à ce qu'on dit) les conquestes du Turc. Il est vrayment temps d'y penser tout de bon, si l'on veut encore conseruer quelque part à ce Royaume. Il est électif, & le Roy ne s'y gouuerne que conformement aux resolutions prises dans les Diettes. Leurs forces consistent en quelque Caualerie qu'ils appellent Houzarts, & quelque Infanterie qu'ils appellent Ayducs. Il y a peu d'Hommes qui n'entendent

& qui ne parlent Latin. Toutes sortes de Sectes & d'Heresies y sont receuës. Celle de Luther y est plus commune que les autres. Leurs habits & leurs mœurs ressemblent fort à ceux des Turcs. Ils sont naturellement volontaires & cruels, s'imaginans que leurs priuileges les met au dessus de toutes choses, & qu'ils seroient heureux, s'ils n'auoient iamais veu d'Allemans. Il n'est point de mal qu'ils ne leur fassent, les trouuant à leur auantage. On m'a conté qu'vn Enfant de douze ou treize ans en ayant rencontré vn mort, luy ouurit la peau, & la tiroit auec les dents pour l'arracher. Il n'y a que les masles qui puissent heriter. Les Marys n'y sont pas trop les maistres, aussi bien qu'ailleurs. Ils n'oseroient mettre leur chapeau ny leur épée sur le Lit de leurs Femmes; ils en sont presque tous jaloux: cependant en quelque état que cette passion les mette, ils ne s'en plaignent qu'à leurs Riuaux. Auant la guerre, les Voyageurs ne dépensoient rien en ce Royaume-là: ils alloient de Maison en Maison; ou s'ils l'aimoient mieux, ils logeoient chez le Iuge du lieu qui estoit obligé par sa Charge de les receuoir. Les Campagnes y sont admirables & pour leur grandeur, & pour leur fertilité; on n'a presque pas la peine de les cultiuer, & il s'en trouue qui rendent du froment pour le seigle qu'on y seme: Cependant il est étonnant de les voir si desertes, & que les Tartares, les Turcs, & le feu, ayent à peine laissé dequoy viure à vne poignée de Gens, dans vn lieu qui en fournissoit presque à tout l'Empire. Ce qu'il y a de plus rare, est vne Fontaine qui change le fer en cuivre, & quelques Mines d'or & d'argent que ie n'ay point veuës: Mais, Madame, quel plaisir pourois-je auoir en y allant? Ie suis fort assuré que ie ne vous y trouuerois pas; & sans vous, rien ne sçauroit m'en donner.

De Prague. Pour Carite, à qui il parle de trois Villes qui composent celle-cy; de leurs diferentes langues, de quelque maniere d'agir des Amans pour leurs Maistresses, & du Vice-Roy.

Cette Ville est la Capitale du Royaume de Boheme, trois n'en font qu'vne; vne tres-belle Riuiere en separe deux; la langue est diferente en chacune, mais l'Allemande y est la plus commune. On dit que le Vice-Roy n'y est proprement que pour obtenir des Peuples les deniers que le Roy son Maistre luy demande, & dont il a besoin. La liberté de conscience n'y estant pas, la Campagne est en bien des endroits deserte & inculte. Il y a peu de Personnes de qualité dans cette Ville. Les Filles y reçoiuent de grands respects & de profondes soûmissions de leurs Amans: elles peuuent les obliger à suiure leur Carosse teste nuë, quelque temps qu'il fasse. Elles passent quelquefois comme eux l'apresdisnée parmy les verres & les pots. Leurs habits ressemblent tout autant qu'elles peuuent à ceux de France; & ce n'est pas la faute des Hommes & des Femmes, s'ils ne leurs ressemblent tout

M

à fait. Plût à Dieu, Madame, que vostre cœur ressemblast au mien: au moins ie pourrois croire que vous aimerez toûjours vostre, &c.

De Dresde, où le Duc de Saxe fait son sejour; & de ses Etats.

Cette Ville est petite, mais forte & bonne. L'Ecurie & le Tresor meritent d'estre veus. Leypsic, Vvitemberg, & quelques autres Villes, sont encore à luy; tout y est Lutherien. Ie vous ay tant dit de choses de l'Allemagne, que ie ne croy plus vous en deuoir parler; car pour en décrire les Cours, il faudroit les voir plus long-temps que ie ne fais; mais vn jour suffit pour apprendre que l'on boit vaillamment à celle-cy.

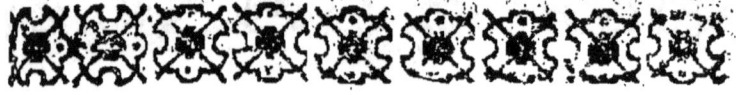

De l'Electeur de Brandebourg, & de ses Etats.

BErlin, qui est le lieu de son sejour, est vne Ville assez grande, assez belle, & assez peuplée. Il possede auec celle-là, Francfort sur Oder, & quelques autres, ausquelles il a adjousté depuis peu les Etats de Cléues. En vous écri-uant de Hollande, ie vous di-

ray de quelle maniere il y possede certaines Villes.

*De Nuremberg, d'Erfort,
& d'autres Villes.*

I'Aurois peut-estre mieu<
fait de vous dire de chaqu<
Etat & de chaque Ville d'Allemagne, ce que ie vous en a<
mandé en gros; mais ie ne l'a<
pas fait, & i'aimerois beaucoup mieux vous obliger <
penser à moy, qu'à tant d<
Peuples qui ne vous connoissent point, & qui sçauroien<
peut-estre mal vous honorer
Mais pour reuenir à nos Moutons, Nuremberg est vne Vill<

Imperiale, tres-grande, & tres-belle. Ie vous ay déja dit qu'vne Ville Imperiale est ce qui est sous la protection de l'Empereur, auquel elle paye chaque année peu de chose, mais qui vit à la maniere des Republiques.

Erfort est tres-grande, laide & mal bastie. Dieu mercy, & le Roy, elle appartient à Monsieur l'Electeur de Mayence: Elle est partie Catholique, & partie Lutherienne.

Ratisbonne ne seroit rien sans la Diette: à present qu'elle s'y tient, il y a bonne compagnie. Mais que me sert cela, Madame? vous n'y estes pas, & sans vous tout le monde ne m'est rien.

Pour Carite: De Munic, & de son Palais.

C'Est icy, Madame, où Monsieur l'Electeur de Bauiere reside, & où il vit exemplairement. Cette Ville est la plus belle & la mieux peuplée de son Etat. Le Palais y est admirable; l'on y voit de tres-beaux & de tres-grands Appartemens, que les peintures & les dorures enrichissent fort, & dont vn ie ne sçay quoy qu'on appelle Stucdor, qu'on peut employer à son gré, releue merueilleusement la beauté. On dit qu'on ne connoist point ce secret ailleurs qu'icy.

Ausbourg est aussi vne Ville Imperiale, vne des plus belles & des moins peuplées d'Allemagne. Elle se gouuerne comme les autres, hormis que les Patriciens y sont la moitié Catholiques, & la moitié Lutheriens. Rien n'y est remarquable que la Maison de Ville, & des Moulins par le moyen desquels ils éleuent l'eau d'vne hauteur prodigieuse.

Vlme. Les Maisons n'y sont presque que de bois. La Ville est petite; ses Fortifications sont admirables, & parfaitement bien tenuës. C'est vne espece de Republique comme les autres Imperiales. On y voit deux Eglises Catholiques; les autres sont Lutheriennes.

Basle & Chasouse ne sont ny belles ny fortifiées; ce sont des Villes Suisses, c'est assez dire.

Strasbourg. On trauaille à la fortifier. Elle est tresgrande, & tres-peu fortifiée; mais dans vne necessité de guerre les Païsans s'y retirent. Son Arsenal & ses Greniers sont tres-bien munis. On prend vn Bourgeois de chaque Corps pour gouuerner. Les Loix s'y obseruent exactement, & il semble que tout le monde en soit content. Ie voudrois bien l'estre aussi, Madame; cela veut dire que e voudrois bien vous voir, & vous témoigner combien ie suis voftre, &c.

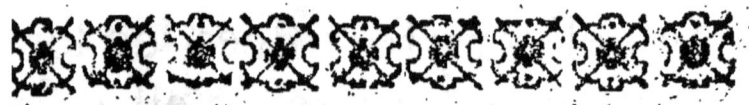

Pour Carite. De Hedelberg, où ie nomme feulement les Places qui font de cet Etat.

C'Eft icy le fejour de Monfieur l'Electeur Palatin. Trois groffes Montagnes, entre lefquelles le Chafteau eft fitué, le rendent plus inacceffible, qu'agreable & bon. On y voit ce prodigieux Tonneau dont on parle tant, à caufe de fon exceffiue grandeur. Manhein & Francandale appartiennent à ce Prince. L'vne &

l'autre ne sont pas encore dans leur perfection ; leurs situations sont belles, & toutes deux sont de tres-bonnes Places.

Francfort sur le Mein est vne Ville Imperiale, belle & fortifiée, mais commandée d'vne Montagne.

Mayence est sur le Rhin: C'est où Monsieur l'Electeur de Mayence fait ordinairement son sejour. Il trauaille fort à la faire fortifier ; mais elle est commandée de tant d'endroits, qu'il aura peine à y reüssir.

Cologne aussi sur le Rhin, est vne belle & grande Ville qui appartient, auec quelques autres, à Monsieur l'Electeur de Cologne. La Peste y rauage tout.

Duseldo est vne petite Ville aussi sur le Rhin, où reside Monsieur le Duc de Neubourg.

Vesel. La Garnison & les Rempars sont aux Hollandois, & les reuenus de la Ville à Monsieur l'Electeur de Brandebourg.

Arnem est vne autre Ville tenuë des vns & des autres de la mesme façon. Ressouuenez-vous, s'il vous plaist, Madame, que vous me tenez auec vn pouuoir bien plus absolu, & que ie suis à vous sans reserue, & tout entier.

Cette Lettre n'est point en sa place. Ie décris la vie que i'ay menée depuis Vienne jusque-là.

ON a beau me le dire, ie ne croy point estre en Saxe: à moins que d'estre en l'Arabie deserte, nous ne viurions pas comme nous faisons depuis que nous auons quitté Vienne. Imaginez-vous, s'il vous plaist, que trois heures auant que le Soleil commence à s'éleuer, ie suis assis sur vn meschant Coffre de bois, dans vn attirail que les Gascons, qui sçauent mieux que personne d'oñer des noms honorables aux choses, n'oseroient appeller qu'vne Charette. Cette Charette donc, puis que Charette y a, fait plus de bruit que quatre : elle remuë sans cesse, & n'auance presque point ; & ie ne croy pas qu'on puisse douter du mouuement perpetuel, quand vne fois on s'est seruy de cette illustre voiture. Elle est si étroite, que chacun se trouue heureux d'y estre à moitié assis ; & ce n'est pas vne petite affaire à qui en veut sortir, d'y pouuoir trouuer ses jambes parmy celles des autres : cependant en quelque détresse qu'on soit, il faut durer, & souuent il y a trois heures que le jour a pris congé de nous, que nous roulons encore près à tous momens de porter la Charette à noſtre tour. On croiroit que l'impatience de ſortir de cet Etat eſt extréme, cependant ie ne crains rien dauantage, & particulierement quand ie penſe que ie vais me trouuer dans vn reſte de maſure en fumée, au milieu de trente ou quarante miſerables, que ie prendrois pour des Ours ou des Loups garoux, ſi ie ne ſçauois que ces ſortes d'Animaux ne parlent point. Là tout y eſt peſlemeſle, tout y parle, tout y crie, & comme il y a des Gens de toutes les Nations, il y a des langues de tous les Païs, & parmy tout cela tant de deſordre & de confusion, que celle de Babel ne fut pas plus grande: Mais comme il est à propos de songer à ne mourir pas, où tant de miserables viuent, nous demandons à manger, & apres quelque bruit & beaucoup de patience, on nous apporte pour le commencement de nostre regal, & pour nous distinguer des autres, ie ne sçay vrayment si c'est du linge, du drap, ou vne nappe, mais ie sçay bien que le cœur se perd à le regarder: cependant il s'en faut seruir, & c'est vne disposition à receuoir vne noisette qu'on nous sert sur deux assiettes de bois, & presque rien dans vne écuelle de terre, c'est à dire un petit morceau de fromage que son antiquité fait respecter, & qui ne seroit plus il y a dix ans, si les Rats & les Souris auoient eu le cœur d'y toucher. Auoüez, Madame, que ces Gens-là auroient grand tort de nous demander beaucoup d'argent quand nous les quittons, si ce n'est au moins qu'ils voulussent se recompenser du secret de nourir les Gens par les yeux, & de les saouler auec rien. Nostre estomac n'estant pas trop chargé, nous n'auons point de précautions à prendre pour le temps de la digestion ; ainsi nous cherchons à finir nos peines par vn peu de repos: Mais helas ! le moyen d'en

GALANTES. 153
prendre où il n'y en a point? & d'en trouuer sur vn peu de paille au milieu de deux ou trois Regimens de Ronfleurs qui font plus de bruit que quatre Tonnerres? & comment pouuoir dormir en vn lieu où tout ce qu'il y a de plus suportable, est vn mélange d'odeurs à faire mourir? & où chacun des sens a pour le moins cent martyres à souffrir? Voila nostre état, & la vie que mene depuis quelques jours vostre, &c.

Pour Monsieur *** *Dessus le Rhin, où ie parle de nostre voiture, & des beautez de campagne qu'on voit.*

Monsieur l'Euesque de Munster a fait la paix auec les Hollandois: on dit que le Roy d'A... en enrage, mais qu'importe? il n'est pas de nos amis. Si le Roy ne les eust secouru, Dieu le pitoyable état où ils estoient! Mais laissons les, & disons que depuis quelques jours nous nous approchons, Dieu mercy, de France: La pluye, le vent, & le Soleil, nous y visitent tour

GALANTES. 155
à tour, & tous ces changemens en font de si drôles en nostre Bateau, que nous ne voudrions pas ne les point auoir. Les Femmes qui y sont auec nous, ne montent ou ne descendent iamais du haut en bas, sans montrer quelquefois vn calçon, tantost vn peu de la cuisse, & souuent vn ..... Ie meure, s'il n'y a trop à rire. Au reste, quand on s'y ennuye, on n'a qu'à fermer les yeux pour ne voir goute, & pour y trouuer du repos: Ce n'est pas vne merueille de ne voir goute en fermant les yeux, mais ç'en est vne de pouuoir dormir à son aise en voyageant, & à son réueil de découurir des Maisons, des

Bois, des Prez, des Iardins, des Canaux, & tout ce qui peut faire l'agrément & la beauté de la Campagne. Adieu, Monsieur, c'est moins pour vous en parler que ie vous écris, que pour vous témoigner la joye que i'ay de pouuoir esperer de vous dire bientost auec quelle sincerité ie vous honore.

De la Haye en Hollande. Pour Carite. Du Gouuernement & de l'Vnion des Etats; des Peuples, de leur commerce, & de leur nourriture.

C'Est icy le plus grand & le plus beau de tous les Villages : Vne assez grande quantité de belles Maisons le composent, pour luy donner la beauté d'vne Ville, & on y voit tout autant de Bois & de Terres qu'il en faut pour y trouuer tous les agrémens de la Campagne: Aussi est-ce le séjour des Princes, des Ambassadeurs, & de la plus considerable Noblesse de Hollande. Mais ne croyez pas que l'entreprenne de vous décrire toutes les belles Villes de ce Païs-là, il faudroit & plus de loisir, & plus d'esprit que ie n'en ay: En vn mot, ce sont des plus belles & des plus riches du Monde. Les Habitans ne s'y donnent pas tant au Commerce & à la Nauigation, qui sont leurs principaux emplois, qu'ils ne se donnent à l'Amour. La Biere & le Vin sont le ciment de leur galanterie & de leur societé, & si la passion qu'ils ont pour cette liqueur, n'est chez eux la plus violente, il est constant qu'elle est la plus commune. Pour l'ordinaire, ils ne se chauffent que de tourbes, & ne viuent que de lait, de salades, de legumes, & de quelques pieces de Bœuf sallé, qu'ils font seruir à plusieurs repas. Quelque emportement dont puisse estre capable vn Mary, il n'oseroit y battre sa Femme, & les vns & les autres sont d'vne propreté rauissante. I'y ay remarqué vn Sauetier, qui le jour des Festes auroit pû passer pour vn Milord en Angleterre. Les Villageoises ne s'y croyent point parées, si elles n'ont leurs doigts chargez de bagues, & leurs ceintures de chaisnes, ausquelles sont attachez des étuis, des couteaux, & d'autres bagatelles, garnis d'argent ou de vermeil doré. La propreté des Ruës, & celle des Maisons, ne se voit veritablement que chez eux: c'est là où tout est en sa place, & où tout est auec tant de netteté, qu'il semble y estre moins pour l'vsage que pour plaire. Chaque heure du jour a sa commodité pour voyager par terre, ou par eau. La derniere a des agrémens qu'on ne peut exprimer; & l'on ne conçoit pas sans l'auoir éprouué, comment on peut voir sept belles & grandes Prouinces en sept ou huit jours, sans se fatiguer, & sans apperceuoir à peine d'en auoir quitté vne. C'est par le moyen de ces admirables Canaux, qu'ils font auec autant de facilité que de profit, le cõmerce des Draps, des Toilles, des Fromages, des Harangs, des Cheuaux, & de tant d'autres choses, qui les rendent les Peuples du Monde les plus aisez & les plus contens. Pour ce grand & ce solide trafic que fait leur Compagnie des Indes, ie me contente de vous dire que les profits en sont immenses, & que

c'est

c'est peut-estre à ce gain que ces sept Prouinces doiuent la meilleure partie de leur pouuoir & de leur éclat. Mais que ie crains de vous ennuyer, Madame! Cependant ce que i'ay à vous dire, est me semble plus curieux que ce que ie vous ay dit, & vous ne ferez sans doute pas fâchée que i'y adjouste encore ce que c'est qu'on appelle les Etats Generaux des Prouinces Vnies, & declarées libres. Ce College (c'est ainsi qu'on les appelle) n'est guere moins illustre que grand. Son pouuoir n'est pas beaucoup au dessous de celuy de certaines Majestez; & il est étonnant qu'estant à peine nay, il ait déja tant de part

O

aux Traittez de paix & de guerre, qu'il soit capable de faire des Alliances, d'enuoyer & de receuoir des Ambassadeurs, & de conduire aussi heureusement & aussi puissamment toutes choses, que s'il auoit l'experience des anciennes Monarchies, ou qu'il n'eust pas l'alliance & l'vnion de sept Prouinces à ménager: mais aussi toutes y conspirent, toutes y trauaillent. C'est pour la maintenir, que les Deputez de toutes ces Prouinces confederées, s'assemblent auec vne autorité souueraine de traitter de tout ce qui peut seruir à conseruer la paix chez eux, & à ne la perdre pas auec les Etrangers

C'est pour cette fin qu'ils tirent de leurs penibles & serieuses reflexions, des Decrets qui se publient au nom & du consentement de toutes, & où pour vne plus grande seureté, rien ne peut se conclure sans vne vniformité de toutes les voix: c'est où vne seule ne peut agir separément, où chaque priuilege est religieusement conserué à chaque Ville, & où ce qui paroist contestable entr'elles, se regle par arbitrage; où tout ce qui se fait mal à vne, blesse immanquablement l'autre, & où toutes ensemble font vn tout si étroitement vny, que l'ame & le corps ne le sont pas mieux. Les Gentilshommes ont part à quelques affaires, il y en a quantité qui viuent dans Vtrec. La liberté de conscience est si grande par tout, qu'on y voit des Lutheriens, des Caluinistes, des Armeniens, des Anabatistes, des Iuifs, & c'est seulement la nostre qu'on y persecute aussi cruellement, que si elle n'estoit pas la legitime. Malgré tout cela, on y voit vne prodigieuse quantité de Gens qui la professent, & l'on tient qu'il y a jusqu'à quarante mille Catholiques dans Amsterdam. La Iustice y regne plus souuerainement qu'en tous les autres Etats. Les Magistrats y conseruent indispensablement le droict à vn chacun; les Pauures n'ont rien à craindre des Riches, & chacun croit deuoir trouuer impossible dans son pouuoir, tout ce qui n'est pas raisonnable: Mais quelque douceur & quelques charmes qu'il y ait icy, le moyen qu'il y en eust pour moy? vous n'y estes pas. I'oubliois à vous dire que depuis que les Hollandois ont la guerre auec les Anglois, ils ont mis des Imposts sur les Cheminées, sur les Bateaux, & sur les Chariots.

Pour Carite. D'Amsterdam, de sa beauté, & de ses richesses.

IE ne veux point vous parler d'Vtrec, de Leyden, de Dort, de Delf, de Roterdam, de Breda, de Bolduc, de Mastric, de Grauesinde, du Texel, ny des autres Villes & Ports qui dépendent de Messieurs des Etats Generaux, encore que chacune des Villes ait des beautez particulieres, que les Ports y soient beaux, & les Places bonnes & bien tenuës : Mais pour Amsterdam, ie ne sçaurois m'en taire. N'en déplaise à Venise, elle ne luy en doit guere. Si elle n'eſt pas ſi magnifique, elle a dans ſa ſimplicité des graces & des beautez que toutes les autres Villes du Monde n'ont point. Ses Ruës ſont tres-propres, tres-droites, & tres-longues. Il n'y a qu'elle qui puiſſe ſe vanter d'auoir des Canaux de plus de ſeize cens pas de long, proprement reueſtus, bordez à droit & à gauche d'vn rang d'Ormes tres-beaux & tres-verts, qui donne aux Canaux & aux Ruës vn ombre & vn agrément qu'on ne ſçauroit dépeindre. Adjouſtez à tant de beautez vn paué plus net que nos plus belles Salles, & des longueurs de Maiſons de brique qui ferment tout cela,

tellement égales & dans leur hauteur & dans leurs dimenſions, que toutes enſemble n'en paroiſſent qu'vne, & que ſans les contrevents qu'ils y font peindre de diuerſes couleurs, à peine pouroit-on diſtinguer la ſienne d'auec celle de ſon voiſin. C'eſt cette admirable Ville qu'on appelle le Magaſin de l'Vniuers : c'eſt dans ſon Port que l'on voit juſqu'à quatre mille Vaiſſeaux, & dont le reuenu qu'ils tirent chaque jour de leur cōmerce, va juſqu'à des ſommes incroyables. Au reſte, ſa ſituation n'eſt guere moins merueilleuſe que celle de Veniſe: elle eſt, comme elle, preſque entourée de la Mer, & ie ne
ſçay

sçay si toutes celles de ces Etats icy n'y seroient point comme elle, si on n'auoit trouué le secret de les en sortir, en faisant part à des eaux qui leur donnent autant de plaisir que de profit. Quand ie pense qu'elle est si belle & si riche, ie suis au desespoir de ne luy ressembler pas. Là, comme ailleurs, il n'y a qu'vne apparence de liberté. Douze Bourguemestres, & trente-deux autres Personnes, y reglent & conduisent toutes choses; & bien que toutes pretendent au Gouuernement, il n'y a que certaines Maisons qui y ayent part. On y vante fort celle de la Ville, mais la porte y est si petite,

P

& i'ay eu tant de peine à la démesler d'auec le reste du Logis, que ie ne sçaurois me resoudre à en dire du bien. Croyez-en, s'il vous plaist, vn peu de moy, Madame; ce sera le moyen de vous obliger à me considerer toûjours, & à vouloir bien que ie sois toute ma vie vostre, &c.

D'Amsterdam. Réponse à vn Gentilhomme qui m'écriuoit sur ses Tablettes par vn Danois.

CE Gentilhomme a pris la peine de venir ceans comme vous l'en auiez prié:

nais comme les Danois sont sujets à faire les choses à la Danoise, ie n'ay veu que le Caualier, & vn autre a veu les Tablettes. En verité, vne de vos Lettres vaut mieux que cinquante Hommes de la sorte; au moins elle me fait plus de plaisir, & ie la trouue beaucoup plus aimable: mais ne vous imaginez pas, s'il vous plaist, que ce soit à cause des Vers que vous y mettez, & que vous voulez qui soient de Mademoiselle...... ie sçay ce que i'en dois juger, & à quoy m'en tenir. Si ie ne luy enuoye pas ceux qu'elle me demande, qu'elle ne s'en fâche pas, ny vous aussi ie vous prie. Ie meure s'il y a vne pareille cervelle à la mienne; elle est aussi dure que son cœur l'est à mon égard; & l'vn & l'autre sont si peu faits pour moy, que ie desespere d'en pouuoir iamais disposer. Au reste ie vous entens; mais le moyen d'écrire & d'oser rien entreprendre parmy tant de frayeurs & de perils? vous ne sçauez peut-estre pas où i'en suis.

Helas! peut-on trembler d'vne
 plus juste crainte?
Comme si ses beaux yeux, &
 mille accords charmans,
N'auoient pû sur mon cœur
 qu'vne legere atteinte,
La cruelle, qu'elle est me prit à
 belles dents.

Au mesme, à qui ie mandois que ie ne sçauois point faire de Vers.

A Peine auois-je acheué de lire cette multitude agreable de Vers burlesques que ie viens de receuoir de vous, que i'ay fait partir vne Iatte pour aller chercher Scaron en l'autre Monde. A vous dire le vray, ie ne sçauois que luy dans celuy-cy capable de répondre heureusement à tant de belles choses; & ce ne peut estre que vous qu'il ait laissé en le quittant, l'heritier de ce rare talent qui l'en fit vne merueille. Tout ce que vous écriuez est si juste, si doux, & si touchant, que pour le dire comme il faut, on doit le dire de la sorte : Mais cela n'est pas d'vn si galant Homme que vous, de m'accabler comme vous faites ; vous deuriez, me semble, vous contenter de l'aueu que ie vous ay fait de ma foiblesse, sans en vouloir tirer des preuues ; & ie voy bien que cette consideration que vous dépeignez si forte pour moy, & que vous n'auriez pas, dites-vous, pour vn autre, n'est qu'en apparence, puis que par vne intelligence qu'on ne sçauroit approuuer, vous vous vnissez auec la belle ...... pour me perdre ; l'vn me faisant mourir de honte & de dépit, pendant que l'autre me tuë de douleur & d'amour. Ie ne sçay vrayment quel nom donner à ce procedé, ny comment ie le pourrois souffrir, sans que

Ie sçay faire ceder l'Amour à l'Amitié.

Depuis plus d'vne heure ie n'ay pû faire que celuy-là: Iugez si ie ne suis pas tel que ie vous l'ay mandé, & si ie ne suis pas aussi malheureux en rimes qu'en amour.

*Au mesme, à qui ie témoigne la peine où ie suis depuis que i'ay quitté Mademoiselle****

JE suis encore plus chagrin & plus fou que ie ne l'estois hyer quand ie vous quittay, & quand ie dû vous paroistre le plus insuportable Homme de la terre.

Et comme s'il n'estoit ny bien ny mal au monde,
que d'estre prés ou loin de.....
i'y songe incessamment, & ie n'y songe iamais assez ; tout ce que ie voy me donne de la peine & de l'inquietude, & ie ne sçay quel abbattement se

rendant maiſtre de mes ſens & de ma raiſon. Ie m'imaginerois eſtre vn autre, ou ne viure plus, ſi ma douleur ne m'empeſchoit de le croire: Mais auſſi quel Deſtin peut eſtre plus cruel ou plus doux,

Que celuy de la voir, ou de ne la voir pas?

A l'heure qu'il eſt, tout m'étourdit & m'accable; & s'il arriue que quelque choſe me réueille, ou qu'elle me rende la liberté de la voix, ie ne m'en ſers que pour me plaindre, ou pour quereller quelqu'vn. Hé, Monſieur, que n'eſt-elle moins aimable, cette charmante..... ou que ne ſe fait-elle aimer auec plus de moderation?

*Tout m'oprime en ce lieu, ma
peine est sans seconde.*

Mais le moyen d'estre autrement? Il n'y a qu'vn jour que i'estois auec elle, & ie m'en trouue aujourd'huy fort loin, sans oser luy mander, ny m'en plaindre. I'en suis au desespoir,

Et ie souffre cent maux pires que le trépas.

Oüy sérieusement, le plus grand bien qui pouroit m'arriuer, ce seroit de mourir; Mais qu'vn malheureux comme moy n'a garde d'obtenir tant de faueur ! Ie ne sçay vrayment plus où i'en suis:

Et comme s'il n'estoit ny bien, ny mal au Monde,
Que celuy de la voir, ou de ne la voir pas;

*Tout m'oprime en ce lieu, ma peine est sans seconde,
Et ie souffre cent maux pires que le trépas.*

Au mesme, qui me mandoit qu'vn Homme qui estoit presque toûjours caché, l'auoit diuerty de m'écrire.

VOus auez raison, Monsieur, de pester contre le Solitaire, & contre ceux qui vous empeschent de l'estre: vn moment qu'on vous dérobe, vaut mieux qu'vn million de ceux qu'on vous rend. A vous dire le vray, ie tiens presque perdus tous ceux que vous donnez aux autres : mais ce sont de ces pertes que vous ne sçauriez éuiter; vn Homme aussi rare que vous ne sçauroit si bien se cacher, qu'on ne le découure; & vous ne deuez pas trouuer étrange qu'on cherche soigneusement vn bien si cher & si précieux. Mais nous n'y pensons pas, Monsieur, c'est à moy à me plaindre du peu de loisir que cet importun vous a laissé pour m'écrire, puis que ie n'ay receu qu'vn peu de belles choses pour cette multitude que vous m'auiez destinées. Peste du Solitaire! En dépit de sa verve & de sa grise mine, dequoy diable s'est auisé cet arpenteur de Mail, de vouloir parler ? Et s'il auoit à se tirer de sa letargie, falloit-il que ce fut à mes despens, & que ma mauuaise fortune s'auisast de déterrer vn Homme seulement pour m'affliger ? En dépit du Sauuage, ie meurs. Ah Monsieur, qu'il est mal-aisé de suporter patiemment la perte que i'ay faite, sans jurer ! & que ie serois inconsolable, si ie ne me flatois que vous me redonnerez vne autre fois auec vsure, ce qu'on m'a fait perdre aujourd'huy ! Ie vous en conjure, & de me croire autant que ie le suis, vostre, &c.

*Au mesme, à qui ie mande
l'état où ie suis.*

VOs Lettres me flatent si fort, que ie n'ose vous dire le soin que i'ay de les relire, de peur que vous ne croyiez que l'Amour propre jouë son jeu. Il est pourtant vray que ie ne traitterois pas mieux celles d'vne Maistresse; & que si elles me donnoient plus d'amour, elles ne me donneroient ny plus d'estime, ny plus d'admiration. Pour du plaisir, i'auouë de bonnefoy que ie n'en suis plus capable, depuis que ie party d'Vtrec, car enfin

*J'aime, j'adore, & meurs, j'ose
encore le dire.*

En cela seul ie trouue que ie ressemble fort au Caualier que vous dépeignez: mais que ce sont de mal-agreables traits que ceux de la langueur, & de cette passion qui change toutes choses!

*Des mains, des yeux, vn teint,
m'ont donné de l'amour.*

Que i'y pense souuent! & qu'il seroit malaisé de ne songer pas incessamment à tout ce que i'ay veu, à tout ce que i'ay oüy, & peut-estre à tout ce que ie ne verray ny n'entendray iamais!

Mais que me sert, helas! d'expliquer mon martyre?

Oüy, cent belles choses ont chacune fait leur effet sur mon cœur; toutes me lient, toutes m'attachent, toutes me rendent le plus à plaindre & le plus amoureux de tous les Hommes: mais à quoy bon vous instruire de ce qu'il m'en couste, & de l'état où ie suis, si c'est empirer mon mal, que de le dire

A qui doit conspirer à me rauir le jour?

Iugez-en, Monsieur, & de la foiblesse de ma raison, qui ne sçauroit m'empescher de vous faire mon Confident, vous qui estes mon Riual: Mais enfin ie l'ay dit, & ie vous le repete encore.

I'aime.

GALANTES. 185
J'aime, j'adore, & meurs, j'ose
  encore le dire ;
Vn teint, des mains, des yeux,
  m'ont donné de l'amour :
Mais que me sert, helas! d'expliquer mon martyre,
A qui doit conspirer à me rauir
  le jour ?

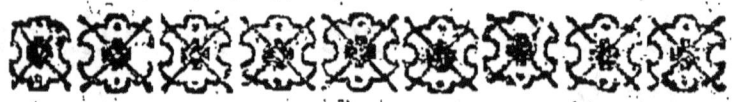

*Au mesme, qui me dépeignoit
  en sa Lettre.*

JE croyois auoir le temps
de répondre à la plus douce
Lettre, & aux plus agreables
Vers qu'on sçauroit faire ;
mais vostre Hoste qui me les
a rendus, me presse si fort pour
la réponse, que tout ce que je

vous puis dire en vn mot, c'est que

Vous sçauez chanter & danser,
estre honneste & discret;
Vous auez de l'esprit, vostre
ame est grande & fiere:
Mais me loüer ainsi comme
vous auez fait,
Pardonnez-moy, Monsieur, sent
bien le temeraire.

Ainsi ne vous y joüez plus, s'il vous plaist, de peur que voulant établir ma reputation, vous ne fassiez tort à la vostre: neantmoins si vous y trouuez quelque plaisir, ne vous en priuez pas; celuy que i'en receuray, me cachera sans doute le peu de raison que vous en auez; & quand il ne feroit pas doux d'estre flaté d'vn si galant Homme que vous, ie sens bien que pour cela ie n'en seray pas moins vostre, &c.

Au mesme, qui me mandoit que j'exprimois trop bien mon amour pour en auoir beaucoup.

LEs méchantes raisons que vous me debitez, Monsieur! & si elles sont bien exprimées, qu'elles sont injustemēt cōçeuës! Quoy, parceque vous dites parfaitement ce qu'il vous plaist, il ne faudra pas vous croire? & l'on ment toûjours, si l'on ne dit mal? Si cela est, Monsieur, ie suis bien fâché de vous le dire: mais que vous estes vn grand menteur! Donc les plus sots doiuent estre estimez les plus sages; & parce qu'ils parleront d'vne maniere qu'ils n'entendront pas eux-mesmes, on les croira les plus habiles? Quoy, parce que l'Amour a quelquefois mis certaines testes à l'enuers, on en parlera mal, si on n'en parle en fou? Et parce qu'vn Homme dont l'esprit & la passion seront également ridicules, sçaura dire sottement, ie vous aime, il l'en faudra croire, & il en sera mieux aimé? Dieu, quelle mode! & comment ferez-vous pour en estre? Et si vous n'en estes pas, comme ie le croy fort impossible, que de nigauts vont vous jetter de la poudre aux yeux, & vous dérober des conquestes où peu de personnes oseroient aspirer que vous, si elles n'estoient deuës qu'au merite! Mais ie ne sçaurois croire qu'vne si grande erreur ait cours du moins parmy nos Femmes de France, qui expriment tout à charmer, & qui ne prenent pas moins de cœurs par les oreilles que par les yeux: car enfin les choses les mieux dites sont toûjours celles qui plaisent le plus, & ce qui plaist le plus est toûjours ce qui persuade le mieux. Pourquoy faire vne laide copie d'vn bel original? & pourquoy representer vne forte, tendre, & veritable paſſion, auec des termes ambigus & en deſordre ? Comment vnir des cœurs auec des termes qui ſemblent ſe faire la guerre ? & comment exciter de la pitié, en parlant d'vne maniere à faire rire ? Pour moy, ie tiens qu'vne Femme qui aime bien, quand on l'entretient de la ſorte, aimeroit éperduëment, ſi on s'exprimoit bien ; & c'eſt tres-mal & tres-malheureuſement expliquer ſa paſſion, que de l'expoſer auec des termes qui ſortant peſle-meſle & en confuſion, empeſchent qu'on ne les écoute auec plaiſir, & qui font juger vn Homme bien plus digne des **Petites Mai-**

sons, que du cœur où il aspire : mais quelque chose que ie vous die, ne pensez pas, s'il vous plaist, que ie croye ma Lettre aussi pleine d'emportement & de feu que vous me le mandez. Cependant quand cela seroit, n'est-ce pas vne preuue de ce que ie vous dis, & que voudriez-vous que produisist vne ame qui ne ressent rien autre chose ? Allez, Monsieur, bien vous prendra que ie ne puisse faire voir ma passion telle qu'elle est ; car tout à craindre que vous soyez, ie m'assure que vous pouriez ceder à vostre, &c.

De Spa. Pour M.*** où ie décris le plaisir & l'occupation de ceux qui y prennent des eaux. L'on y va en Charette.

I'Oublie Vvict, Namur, Louuain, & tous les endroits où i'ay passé, pour venir à Spa. Ie l'oublirois aussi, sans que ie suis tout brisé d'y auoir esté. Ah les bras, ah les jambes, ah le corps : Ie meure, si i'ay seulement la force de vous écrire ; & si ce n'estoit pour moy le plus grand plaisir du monde, ie n'en aurois iamais le courage. Que de cahots ! que des soubresauts ! & quelle
chienne

hienne de voiture, que celle d'vne Charette? Sans mentir, il faut auoir bien enuie de voir vne troupe de beuueurs d'eau, qui en prenent de cinq ou six sortes, qui seroient autant inutiles qu'elles sont diferentes, si le plaisir & la liberté qu'on trouue en ces lieux-là, n'estoient vn puissant secours à leur vertu. Il y auoit moins de Personnes de qualité que les autres saisons: celles que i'y ay veuës estoient plus propres & plus jolies que spirituelles. Iusqu'à l'heure du Bal, tout le monde s'assemble dans les Prez; on y rit, on y danse, on y chante, on y jouë, & chacun tâche à trouuer sa chacune. Pour moy qui n'y en auois

R

point, & qui auois besoin de quelque chose qui me ragoutast apres tous les maux que i'auois souffert en y venant, ie me traisnay jusqu'à la belle Holandoise. Cette Damoiselle, qui passe en biens & en beauté le reste de la troupe, pouroit bien trouuer le mesme auantage ailleurs : cependant elle fait autant l'enuie de son sexe, que si elle n'en faisoit pas l'ornement, & il y a peu de Femmes qui ne luy fassent la guerre en secret, n'osant pas luy faire autrement. Apres l'auoir remené chez elle, & dit quelques chansons à sa porte, ie fus au Bal auec trois Gentilshommes de diferens Païs. En y arriuant, ie crû qu'on soupoit encore, & que tout le régal estoit d'épaules de Moutons. Dieux, quelle odeur! Comme si i'estois vn peu plus étranger que les autres, on m'y laissa moins sans danser qu'eux; & sans vanité, ie m'en tiray mieux qu'ils ne firent, car sans penser qu'il y auoit trois ou quatre racleurs de boyaux, ie party sans cadence, & finy de mesme. Ces Messieurs n'en vserent pas ainsi, ils penserent se tuer pour vouloir bien faire: tantost ils y estoient, tantost ils n'y estoient pas. Vn d'eux s'arresta tout court au milieu de la Salle pour l'attendre: l'autre s'apperceuant qu'il n'alloit pas si viste qu'elle, quitta sa

Dame pour courir apres; & le troisiéme mourant d'enuie de nous surpasser tous, tourna trois ou quatre fois la place, jusqu'à ce qu'il se fut rencontré du mesme sens, dont son Maistre de danse l'auoit enseigné. Apres cela, il n'est pas malaisé de juger qui fit le moins mal. La Conuersation répondoit à la Danse, la pluspart des Femmes ne sçachant que oüy & non. Les vns nous disoient sans cesse, nous n'entendons point cela; Monsieur est François, il se plaist à railler. Dieu mercy, le Bal & la Conuersation finirent, mais mon mal ne finit pas; car retournant de conduire vne grande Demoiselle qui en auroit pû porter quatre comme moy, & n'ayant point d'autre lumiere que celle des éclairs, ie fus me mettre en vn trou, d'où ie forty plus propre à faire peur aux petits Enfans, qu'à retourner au Bal. Dieu me garde de pareilles rencontres, & me donne celle de vous témoigner auec quelle sincerité ie fuis à vous.

De Bruxelles. Pour Carite, à qui ie parle de plusieurs Villes & Places de Flandre où i'ay passé, des Troupes de ce Païs-là, des Femmes, & de leur Cour.

C'Est dans ce Païs-icy, Madame, où toutes les Villes sont autant de Places fortes, & où jusqu'aux Femmes & aux Enfans, sçauent parler de la guerre, & la pouroient faire en vn besoin. Mastric, Bolduc, & Breda, qui en estoient autrefois, & que tiennent presentement les Holandois, sont capables de resister à des forces extrêmes; & ie ne sçay que le Roy, à qui rien n'est impossible, capable de s'en rendre aisément le Maistre. Namur, Ostende, Anvers, Mons, Valanciennes, Cambray, & quelques autres, ne leurs cedent pas: Mais à quoy bon vous entretenir de leurs situations, de leurs rempars, de leurs riuieres, & de tout ce qui les rend si considerables & si fortes? Ie les laisse donc pour vous parler de celle-cy, grande & belle Ville, le lieu de la Cour du Païs, & le sejour de son Gouuerneur. Elle n'est forte que par le Peuple. Les Femmes y ont vn assez bon air, elles sont grandes & propres, & toutes rouges & blanches autant qu'il leur plaist. Le Cours s'y fait le long des Ruës, tous les Carosses des Femmes se suiuans sur vne mesme main, pendant que ceux des Hommes se suiuent sur l'autre, afin (dit-on) de se mieux voir. C'est vn plaisir qu'on n'a guere que les Festes, à peine y voit-on dix Carosses les autres jours. Les jeunes Hommes y sont rares; si chacun n'est Amant de quatre ou cinq Filles, helas qu'il y en a qui n'en ont point. Ce qu'on y voit de Soldats, comme en leurs autres Villes, est en petit nombre, & si mal payez, qu'ils demandent sans rougir dequoy viure. Ils sont presque tous si petits, & si foibles, que si le temps de Dauid ne reuient, ie ne voy pas que nous en ayons rien à craindre. Les Païsans ont de coûtume de donner gratuitement vne somme au Roy d'Espagne, & de temps en temps on fait quelques leuées selon la necessité ou l'interest du Gouuerneur. Pour Anuers, tout m'y paroist rare : ses Rempars d'vne largeur qu'occupent quatre allées d'Ormes, sont à mes yeux sans exemple : sa Citadelle, pour estre mal tenuë, & vn peu délabrée, ne laisse pas d'estre vne des premieres du Monde; & sa Riuiere qui fait vn tres-beau Port, seroit encore vn des plus celebres, si les Holandois ne s'estoient iamais emparez d'Amsterdam. La pluspart des Habitans y sont Marchãds, les autres y viuent de leurs rentes auec assez de repos & de douceur. Parmy toutes ces beautez, l'Eglise des R. P. Iesuites, toute de marbre blanc, est vne des plus rares. Ie ne sçaurois comprendre pourquoy on luy a si peu donné de jour, elle qui en meritoit tant, si ce n'est qu'on n'y a rien voulu laisser entrer qui fut plus aimable qu'elle. Si c'est par cette raison, jugez, Madame, si l'on seroit bien aise de vous y voir, & si l'on ne vous aime pas mieux à.... où ie voudrois bien estre auec vous.

Pour Carite. De Poitiers, en y passant pour aller en Espagne, apres l'auoir veuë à Paris.

QV'il est fâcheux, Madame, de ne pouuoir vous exprimer vn état insuportable, qu'auec les mesmes termes dont on explique souuent ceux qui ne le sont pas ! & qu'il est cruel, de ne vous parler des plus sensibles peines du monde, que comme on a de coûtume de parler des mediocres, & de celles qui ne font au plus que des demy-malheureux ! Hé, Madame, vous qui sçauez si heureusement imaginer toutes choses, ne me refusez pas ie vous prie, d'imaginer ce que ie souffre, & l'état pitoyable où ie puis estre. Ie ne sçay si ie n'ay point fait vn crime en vous le déguisant, & en vous disant quelquefois que ie ne voulois plus vous aimer: mais ie m'aperçoy bien que l'Amour s'en vange, & qu'il m'en punit (l'injuste qu'il est) aussi cruellement que si ie l'auois dit tout de bon, ou que i'eusse le pouuoir de le faire. Mais s'en vange & m'en punisse qui voudra, rien ne sçauroit empescher que ie ne vous aime beaucoup plus que toutes choses, & mille fois plus que moy-mesme. Ie préuoy bien que cette obstination me reüssira toûjours mal, & que ma destinée qui prend tant de plaisir à m'éloigner de vous, & qui m'en arrache encore aujourd'huy, ne me sera jamais plus fauorable : Mais n'importe, i'aime mieux viure sans plaisir, & vous aimer, que d'auoir tous ceux de la Terre, & ne vous aimer point. Que vous m'en ferez vn sensible, si vous croyez cette verité, & que de tous les cœurs du monde, le mien sera toûjours le plus fidelle & le plus passionné.

Pour Mademoiselle *** De Poitiers, en y passant pour aller en Espagne.

JE vous dirois bien que ie vous aime; mais peut-estre que ie mentirois, & que vous seriez assez facile pour le croire. Ainsi ie ne vous dis rien; mais imaginez-vous, s'il vous plaist, enfin imaginez-vous tout ce que vous voudrez. Adieu, Archicoquette.

De Saint Sebastien en Espagne. Pour la mesme, à qui ie decris l'état d'vn Courier.

Dieu mercy, la maladie de courir les champs, ne me tient plus; les Mulles de S. Sebastien vont me rendre ce bon office, & i'espere, m'accommodant à leur train, faire toutes choses auec tant de loisir, que ie ne seray plus obligé de penser en vous, en courant comme i'ay fait. La détestable voiture, que celle de la Poste! Quand elle n'épuiseroit pas, comme elle fait, les forces & la bourse, y a-t-il

rien de plus fot, que de courir inceffamment, & de commettre mal à propos & fans befoin, vne vie qu'on ne deuroit expofer que pour fa Maiftreffe ou pour fon Roy, à trois ou quatre efpeces de jambes qui n'en vallent pas vne? De bonne-foy, quel plaifir de fe mettre en la neceffité de crier, de jurer, & de battre? & le tout pour auoir de mefchans Criquets qui tomberoient de momens en momens, fi on leurs en donnoit le loifir; & qui ne vont iamais bien, fi on ne les tuë. Ne vous imaginez pas qu'on ait guere meilleur marché des Poftillons; comme ils tiennent de la nature de leurs beftes, il faut vn peu
le

le deuenir pour trouuer son compte auec eux. Pour vous dire tout en vn mot, la Poste est vn vray mestier à faire courir les champs au plus honneste Homme du monde; & ie n'en connois point dont la sagesse puisse estre à l'épreuue de semblables bestes & de pareils animaux. Mais sans m'amuser à vous dépeindre l'état d'vn Courier, ie vous diray qu'outre toutes les peines que vous pouuez vous imaginer, i'ay souffert toutes celles qu'ont de coutume de souffrir les Gens qui vont en grande haste, & qui s'éloignent toûjours de ce qu'ils aiment. Ce n'est pas pour vous en faire pitié, mais ie vous iure qu'il m'en cuit, & que i'ay vn petit endroit *à parte posteriori*, vn peu mal mené. Que ie suis bon pourtant quand i'y pense: Vn Cheual ne commence pas à souffler, que ie le plains, tout animal qu'il est: Et vous, Mademoiselle, vous verriez mourir vn pauure Chrestien, qui seroit encore tout heureux & tout raisonnable, si vous ne l'auiez affolé, sans estre capable de la moindre compassion: Mais n'importe; on ne perd pas tout en vous aimant, & ie comprens bien que ie n'aurois pas esté à l'épreuue de tant de fatigues, ou pour mieux dire, de tant de patience, si vous ne m'auiez apris à souffrir. Adieu, Mademoiselle, assurez-vous

GALANTES. 211
que ie suis toûjours le mesme,
à mon visage prés, qui me fait
passer pour Maure, moy qui
n'auois iamais passé que pour
Boheme. I'espere que l'Hyuer me rendra ce que l'Automne m'a pris; n'en vsez pas
de mesme, s'il vous plaist, ie
serois fâché de n'estre pas
toute ma vie vostre, &c.

Pour M. la M. de*** De Madrid, où ie décris briéuement le Païs où i'ay passé, nos peines, nostre mauuaise chere, & l'humeur voleuse des Espagnols.

IE vous le disois bien, Madame, que nous nous accoûtumerions trop à vostre

S ij

table, & qu'en la quittant, nous nous accommoderions mal de celle des Hostes d'Espagne: Mais aussi quelle diference! nous ne mangions par les chemins qu'vne fois de la viande en huit jours, & nous nous croyons regalez de deux œufs qu'vne Hostesse alloit chercher en vn vieux coffre, où elle se souuenoit à peine de les auoir mis. Ne vous imaginez pas, s'il vous plaist, qu'il ne nous en ait rien cousté ; les joües de Monsieur.... en diroient bien des nouuelles, il est d'vne moitié plus maigre que quand vous le vistes la derniere fois, & si les plus grands yeux du monde doiuent estre les plus beaux, ie ne sçay ce que vont deuenir les vostres, Madame; mais ie crains bien que ceux de.... ne leur cederont pas cet honneur. Pour moy, ie ne sens, Dieu mercy, ny repletion, ny indigestion; mon visage commence à estre d'assez belle taille, & si ce n'est par vn malheur inoüy, il ne se peut que ie meure de long-temps gras fondu. M.... qui n'a peut-estre pas l'honneur d'estre connu de vous, est vn peu plus maigre & plus pâle que quand nous auons party: Il ne s'est pas fâché depuis Bayonne, où il se mit en colere contre nostre Hoste, s'imaginant qu'il ne seroit pas à l'abry du flus & reflus de la Mer, dans la Chambre basse où il le mettoit coucher. Rien ne l'a plus surpris depuis qu'il est en ce Païs, que d'y voir le Ciel comme est le sien, & des Hommes à peu prés comme luy. Il croyoit que les Espagnols estoient des Gens d'vne autre espece, & que ses hardes & les nostres n'estant pas faites pour eux, elles deuoient estre en seureté en quelque endroit qu'il les mît: Mais qu'il luy a peu fallu de temps pour se détromper! Ces miserables qui croyent pouuoir tout faire impunément, pourueu qu'aprés ils puissent baiser vn petit endroit de l'habit d'vn Moine, se sont emparez sans scrupule d'vne partie de nos nipes, &

ont si bien fait à plusieurs fois, que ie reste auec vn épron, vn pistolet, & vn chapeau que ie n'oserois plus quitter vn moment, de peur de n'en auoir plus. Vrayment, Madame, vos yeux qui prenent tout, ne sont pas plus larrons qu'eux ; ceux d'Argus ne suffiroient pas pour nous garder de leurs mains ; ils sont pires que des Bohemes : leur Païs ne vaut pas mieux qu'eux, vne partie consiste en Montagnes inaccessibles, & le reste en terres presque toutes hautes & basses, mal cultiuées, peu fertiles, desertes, sans Bois, sans Prez, & sans Riuieres. Enfin, Madame, les belles & les bonnes choses sont icy tres-rares, tout

y est cher, & tout y crie mi-
sere, pendant que nous crions
à la faim & aux voleurs: mais
comme la Iustice s'y exerce
encore moins qu'en beaucoup
d'autres endroits, rien n'y
vient à nostre secours, qu'vn
peu de patience, & l'espoir
d'aller en quelques mois vous
asseurer du respect auec lequel
ie suis vostre, &c.

De Madrid. Pour Carite, à qui ie rens compte des Lieux où i'ay passé depuis la Frontiere de France jusque-là; des occupations de leurs Habitans, & des peines que l'on a pour y auoir dequoy viure.

ON ne pourra plus dire qu'il n'y a point de Chasteaux en Espagne, du moins si tous ceux que vostre absence m'y a fait faire, y restent. Depuis huit ou dix jours que nous auons l'honneur de courir sur des Mulles, vn peu moins fort que le pas, ie n'ay presque rien fait autre chose,

T

& vous y auez eu toute seule plus de part que tout le reste du monde ensemble : mais comme il n'est icy question ny de mes peines, ny de mes pensées, ny de mon amour, ie continuëray à vous parler de mon voyage & de mes remarques, comme vous me l'auez commandé. Le Passage, est vn des Ports qu'a l'Espagne sur l'Ocean; il semble que la Nature ait brisé vn Rocher pour en faire l'entrée, & qu'elle ait approché deux Montagnes couuertes d'arbres & de verdure, pour en faire l'agrément & la seureté. S. Sebastien a aussi vn Port sur la mesme Mer, qui n'est bon que pour de petits Vaisseaux. La Ville est petite, mal bastie, & plus propre à loger des Rats que des Hommes: Là, comme en toute la Biscaye, le Peuple y recueille quantité de pommes; il y est libre, & peu chargé d'imposts. Vittoria, qui est vne des premieres Villes de la Castille, est dans vne Plaine belle & bien cultiuée. Burgos, située au pied d'vne Montagne, pretend en estre la Capitale. Tolede luy dispute. Toutes deux sont obscures & bâties à l'vsage d'Espagne, c'est à dire auec peu d'agrémens & de commoditez: aussi les Hommes s'y tiennent-ils moins que dans les Carrefours, où chacun raisonne à sa maniere de cent choses qu'il ne connoist point. Les Femmes y viuent auec quelque liberté; elles vont & viennent, elles se parlent & s'assemblent aux portes de leurs Maisons pour trauailler. Il y a peu de bonne terre dans la distance de ces trois Villes; le reste n'est que Montagnes. Ie ne sçaurois vous exprimer la peine qu'on y souffre, quand il est question de manger : celuy qui vend du pain, n'a point de vin; & qui vend d'vne chose, n'oseroit en vendre vne autre. Les Hostes ne fournissent que des Chambres, & quelques haillons aussi sales & aussi enfumez qu'eux. Ne vous étonnez pas si ie vous dis enfumez;

la cheminée n'eſtant qu'vn tuyau au milieu de la Chambre, il eſt malaiſé que tout ne le ſoit pas, & qu'il puiſſe y auoir rien de propre. Tout ce qu'on y vend eſt fort cher, & ce tout n'eſt rien, ou peu de choſe : Les lits, le linge, & la viande, y̌ ſont rares ; & à ne vous rien déguiſer, ie me trompois, quand ie vous croyois la plus terrible choſe du monde : au moins ſi vous ne me donniez pas tout ce que ie vous demandois, il eſt conſtant que vous me donniez quelquefois plus que ie ne voulois ; & que ce n'eſt pas voſtre faute, ſi ie n'ay creué chez vous à force de manger. I'aurois bien pû y mourir auſſi d'autre chose; car Dieu mercy les maux que vous faites, ne vous touchent guere. Mais à quoy bon vous en faire des plaintes de si loin, à vous qui ne les entendez point d'vn pas ? Adieu, Madame, assurez-vous que mon cœur vous garde aussi fidellement la place qu'il vous doit, qu'il est de sa gloire & de son repos, de ne vous perdre pas. I'oubliois à vous dire que le Maistre de la Poste d'Airon nous obligea à prendre de ses Cheuaux, parce que nous mîmes pied à terre à sa porte. Voila comme on traitte d'ordinaire les pauures étrangers.

De Madrid. Pour la mesme, que j'instruis de la Ville, des Impôts, des Passe-temps, & de la Cour.

Madrid n'est appellée que *Villa*, parce qu'elle n'est point renfermée de murailles: Elle est fort peuplée, & a quinze ou seize mille Maisons, dont les plus belles ne sont que de brique. Toutes les denrées qui y entrent, payent considerablement, & l'on y bâtit moins que l'on ne feroit, parce que le premier Apartement appartient au Roy d'Espagne;

si on ne le rachete. Les Eglises y sont passablement belles & propres, pour vn Païs où on ne l'est guere. Les Ruës y sont longues & larges ; la poudre & l'ordure font douter si elles sont pauées. La premiere est si grande le soir, qu'il n'y a point d'yeux à cette épreuue, & l'autre si fort insuportable le matin, à cause qu'ils y vuident leurs pots de chambre & leurs garderobes, qu'il n'y a point de nez étranger qui ne s'en bouche. La grande Place a quelque chose de beau : vne quantité de Maisons d'vne égale hauteur la ferment ; & toutes les fenestres, comme toutes celles de la Ville, ont chacune vn Balcon, qui feroit

vn assez bel effet, si la pous-
siere, & ie ne sçay quels haillons qu'ils y mettent pour les
parer du Soleil, ne les gastoit.
C'est là où toutes les denrées
se vendent ny plus ny moins
qu'il est ordonné, sous peine
d'amende & de confiscation,
& c'est en cet endroit où se
font leurs Combats de Taureaux, que chacun fait voir à
sa Maistresse, s'en dût-il rui-
ner: aussi est-ce l'vnique Feste
qu'ils chaument, car pour les
Dimanches ils ne meritent pas
cet honneur chez eux. Toute
la Cour consiste presentement
(le Roy estant tres-petit) en
Femmes fort grillées & fort
resserrées: on dit qu'il y en a
jusqu'à quatre cens dans le

Palais, & que conformement aux Loix du Païs, la Reyne n'en fort point que deux ans apres la mort du Roy fon Mary. Les Filles n'y parlent iamais à perfonne, fi ce n'eft au trauers d'vne feneftre grillée (encore faut-il qu'on les ait fait demander en mariage,) & la plufpart du temps ce n'eft qu'auec les doigts, de peur d'eftre entendus. Le Roy a fi peu de monde & d'équipage, qu'on peut entrer dans fon Palais fans que rien puiffe faire remarquer qu'il y eft. Il y a des Grands de deux fortes; les vns le font feulement à vie, & aux autres la qualité fe perpetuë. Ceux qui époufent les Filles de ceux qui le font à perpetuité & à race, le deuiennent. Il y en a de Ducs, de Marquis, & de Comtes. Ils se couurent tous deuant le Roy; neantmoins il est necessaire qu'il le die à quelques-vns. Il y a vn Banc exprés pour eux quand ils assistent à sa Messe, où chacun prend la place qu'il trouue vuide, sans rang & sans distinction. La Reyne se leue pour receuoir leurs Femmes quand elles entrent en sa Chambre, & on leur donne vn Carreau. Il y a peu de Cheualiers de la Toison ; aussi est-elle difficile à obtenir, & n'est de nul profit. Ceux de Calauatra, d'Alcantara, & de Saint Iacques, sont plus communs & plus vtiles, quelques Commanderies y estant attachées. Ie ne puis vous assurer s'ils font des preuues, mais ie sçay bien que i'en ay veu dans des emplois qu'vn Gentilhomme ne prendroit pas en France; & que chacun affecte d'y porter l'Ordre de son Païs, le croyant le plus considerable. Les Ambassadeurs y ont plus de priuileges que dans les autres Cours: ils sont logez aux despens du Roy d'Espagne, chacun a son Sergent, son Boucher, & autres Gens, de la sorte exempts de toute entrée. Comme la Cour n'est proprement pas Cour, ils n'y vont point, si ce n'est pour affaire, & souuent mesme ils se contentent (quand ils en ont) de donner vn Placet, auquel on répond fort lentement. On dit que la Iustice s'y vend : quand cela seroit, doit-on trouuer étrange qu'vne chose si rare ne se donne pas pour rien? Personne n'oseroit auoir aucune prouision chez soy, si ce n'est de Femmes, qui sont assez communes, & d'vn prix assez mediocre. Il y en a peu qui ne soient maigres, noires, & rouges : quelques soins qu'elles prenent à faire leur teint, il est rare d'en trouuer de belles. Leur déreglement est étrange ; elles courent encore plus la nuit que le jour : elles seroient fâchées de n'estre pas reconnuës ce qu'elles font, &

de ne pas allumer quelque feu dans le cœur de ceux qui les regardent, dûssent-ils estre Prestres, ou Moines. Leurs habits sont toûjours les mesmes, à leurs garde-Infants prés, qui sont vn peu plus petits qu'ils n'ont esté. C'est bien les regaler, que de les faire promener en Carosse, aussi n'y voit-on guere qu'elles au Cours: C'est d'elles que l'on conte des generositez remarquables, & pour elles que les Galants en font d'extrémes. Elles aiment fort aussi à aller en Chaise, à l'exemple des Femmes de qualité, auec cette diference pourtant, qu'elles n'y sont pas suiuies d'vn Gentilhomme à cheual comme elles, & qu'elles là font payer au premier Caualier qu'elles jugent d'humeur à le vouloir faire. Elles vont toutes le visage couuert d'vn voile qui leur descend jusqu'aux pieds. Il est de la galanterie, les trouuans dans vne Boutique, de s'offrir à payer ce qu'elles y achettent; & de la coûtume, de ne leur point parler, quand elles sont accompagnées d'vn Homme. On dit qu'il y en a quelques-vnes du premier rang, qui sortent la nuit: mais pourquoy trouuer étrange, que de pauures Femmes qui brûlent chez elles, sortent quelquefois pour aller se rafraîschir ailleurs? Quoy qu'il en soit & des

Courtisanes & de celles qui ne le sont pas, il est constant qu'il y a peu de phisionomies au monde si barboüillées que les leurs. Les Carosses sont icy tres-communs; la pluspart sont couuerts de toile cirée, suiuis pour l'ordinaire de deux ou trois Laquais aussi mal vestus que le Cocher, qui va toûjours sur vne des Mulles, comme ceux de nos Coches en France. Il n'y en a point qui ne soient attelez de deux ou de quatre. Parmy ceux de quatre, les Ambassadeurs & les *Titulados* qu'ils appellent, se distinguent par vn Postillon, & des traits d'vne longueur surprenante. Pour la vertu, on dit qu'elle est

est vn peu grimaciere en ce Païs, & c'est peut-estre pour cela que peu de Gens luy font la Cour. La Science n'y a guere plus d'amis ; & si la plufpart des Benefices n'y eſtoient attachez, il y a peu de Perfonnes qui vouluſſent s'y appliquer. Ie ne vous dis rien de leur Politique, ie croy qu'elle eſt toûjours bonne : mais Dieu mercy elle a ceſſé d'eſtre heureuſe ; & ſi on croit aux apparences, c'eſt vn Païs auſſi pauure qu'il eſt dépeuplé. Vne Bulle que chaque Perſonne de quelque âge & de quelque condition qu'elle ſoit, eſt obligée de renouueller toutes les années pour auoir la liberté de manger de
V

la viande le Samedy, est d'vn tres-grand profit pour le Roy d'Espagne, & d'vn tres-doux vsage pour ses Sujets. Leurs Ponts sont vne des plus belles choses qu'ils ayent. Leurs Riuieres ne leur ressemblent pas, hormy deux ou trois qui ne peuuent passer pour grandes; les autres sont si petites, qu'ils semblent n'auoir faits de beaux Ponts, que pour attirer l'eau, comme on fait de beaux Colombiers pour attirer des Pigeons. Que ie crains de vous ennuyer, Madame, & de ne vous déplaire à force de vous obeïr trop exactement: Mais remarquez qu'aprés cette Lettre, les autres seront tres-courtes, & que ie ne vous parleray des autres Villes qu'en paſſant, comme ie les dois voir de meſme. Ie vous diray donc qu'il regne icy vn certain vent dont les effets font peur; ils rendent les Gens paralitiques; on dit meſme qu'ils donnent ce mal que nous appellons de Naples, & que les Italiens & eux appellent François. Ils ont ſi peu d'Artiſans, & ceux qu'ils ont, ſont ſi faineans & ſi mal-habiles, que celuy qui fait les boutonnieres d'vn habit, ne ſçait pas faire le pourpoint; & qu'ils ſont obligez de vendre aux Etrangers les laines, & les ſoyes qu'ils ont en certaines contrées, ne peuuant les mettre en vſage chez eux. L'Eté leurs Chambres sont sans tapisseries, au lieu desquelles ils les parent de tableaux. Sortans de chez eux auec vn de leurs Amis, ils passent les premiers, afin (dit-on) qu'il y reste le maistre : mais la raison ne peut estre bonne, pratiquans la mesme chose en y entrant. Les Imposts consistent dans la huitiéme partie du prix de la viande, du pain, &c. Le Papier marqué aporte vn reuenu considerable au Roy d'Espagne, qui en tirant à proportion de la cõsequence de l'Acte qui s'y fait, reçoit quelquefois beaucoup d'vn quart de feüille. On dit que la pluspart des Confesseurs ne sont ny habiles, ny scrupuleux,

& qu'ils ne conseillent guere rien à leurs Penitentes, qu'ils ne voulussent faire auec elles: mais ce sont de ces choses que l'on dit, comme la pluspart de celles du monde, sans sçauoir veritablement pourquoy. Quoy qu'il en soit, ils y sont en vne tres-grande veneration; & cette humeur altiere, orgueilleuse & vindicatiue des Espagnols, se perd ou se cache à la veuë d'vn Religieux. Les Charges ne s'y vendent point; le merite, ou la faueur, en dispose quelquefois; & quelquefois, comme ailleurs, l'interest s'y mesle. Ie n'ose vous parler de l'Inquisition; on m'en a fait si grand peur, que ie crains mesme d'y penser. Son pouuoir ne s'étend pas jusque sur les passans: Tout ce qu'on en dit est détestable, & ie voy bien qu'il en est de cette espece de Iustice comme des autres, dont l'execution & le progrés ne répondent guere à l'institution. Ses Chambres sont établies en plusieurs endroits, la principale est à Madrid: Elle a par tout des Espions, du caprice desquels dépend souuent le crime de ceux qu'on accuse; & comme celuy qu'elle a fait prisonnier, est obligé de s'accuser soy-mesme, le plus innocent est toûjours le plus à plaindre, & dans le plus grand danger de n'en sortir pas, parce qu'il ne sçait ce qu'on luy demande. On dit que l'on y enueloppe toute sorte de crimes, & que c'est quelquefois assez d'estre vn peu plus riche qu'vn autre, pour n'estre pas innocent: Les Témoins n'y sont point confrontez; de sorte qu'vn Homme est pris, condamné, & brulé, sans sçauoir ce qui fait son crime, ny son malheur. Il y a des Gentilshommes qu'on appelle Familiers de l'Inquisition, qui (à ce qu'on dit) croyent presque tout legitime ce qui est en leur pouuoir. Peut-estre que tout cela n'est que médisance & oüy dire; l'asseuré est, qu'on ne peut estre plus que ie suis, vostre, &c.

Pour la mesme, à qui ie parle de l'Escurial.

L'Escurial, ce Conuent si celebre & si vanté, est le plus beau que i'aye iamais veu, mais ce n'est pas le plus aimable. Sa situation est au pied d'vne Montagne, seche & sterile, sans aucun accompagnement de ceux qui rendent la Campagne plaisante & délicieuse: ce qu'il y a d'Arbres aux enuirons, sont mal nourris & sans ordre, hormis vne allée qui conduit à la Maison, & qui ne répond ny au derriere, ny au deuant.
L'Eglise

L'Eglise m'a paru vne tres-grosse masse de pierre, fort mal éclairée. Le Tabernacle y est rare & riche; la Sacristie belle, & l'endroit qu'on a destiné pour la structure des Roys & des Reynes couronnez, joly. Les Espagnols ne me pardonneront pas ce mot là; mais ils me permettront de dire, que leur Panctéon (car c'est ainsi qu'ils l'appellent) est trop petit pour passer pour magnifique. Imaginez-vous vn lieu soûterrain tout de marbre gris & poly, qui consiste en huit niches, dont l'vne qui répond à celle où est l'Autel, sert de porte; chacune des autres a quatre Tombeaux l'vn sur l'autre, ou quatre especes de Vazes, de la longueur & de la grosseur d'vne Biere, en chacun desquels on doit mettre vn Corps. Le Convent est tres-beau; on y compte jusqu'à huit Cloistres tous semblables, hormy vn qui est peint, & vn peu plus grand que les autres. Vne des Bibliotheques est pleine de Liures rares, & l'autre toute pleine de Manuscrits. Les Apartemens, où loge le Roy d'Espagne quand il y va, n'ont rien de plus beau, ny de plus riche que ceux des Religieux, & tout y est monacalement. Voila, Madame, ce que c'est que cet Escurial dont on parle tant, tout grand & tout magnifique que le croyent les

Espagnols. Deux heures à
où ie pourois vous voir, me
donneroient plus de plaiſir,
que trente ans dans ce ſuperbe
Conuent.

*De Madrid. De la maniere de
viure de ſes Habitans.*

SI on ne doit pas appeller
Ville, ce qui n'eſt pas
muré, Madrid ne ſçauroit ſe
vanter d'en eſtre vne ; auſſi
voyant tous ſes enuirons ſi deſ-
ſerts, ie le regarde comme vn
lieu où toutes les Maiſons de
la Campagne ſont venuës s'aſ-
ſembler pour honorer le Roy
qui l'habite. Entre toutes ſes

Ruës il y en a d'assez longues & d'assez larges pour meriter le nom de belles; mais selon les saisons vne si grande quantité de poudre ou de bouë les couure, & en toute saison tant d'ordures & puanteurs, que le plus hardy de tous les nez s'en bouche, & que les yeux mesmes s'en fermeroient, si on croyoit le pouuoir faire impunémét. Les plus belles Maisons n'y sont que de brique, & les autres de terre; toutes les fenestres des vnes & des autres ont vne espece de balcon. La Ville est fort peuplée, les Eglises y sont communément belles & assez parées : Vne affluence de Peuple les court les jours de Feste; & cependant comme si chacun n'y alloit pas auec vn des plus gros Chappelets du monde à la main, on doute de la fin qui les y mene, & l'on condamne les grand *ay*, & ces gros soûpirs qu'ils font, comme s'il estoit extraordinaire d'en entendre sortir d'vne poitrine qu'on bat si fort. La plufpart des gens font tout ce qu'ils peuuent pour n'aller point à pied ; aussi y voit-on grande quantité de Carrosses, ils sont tirez par deux ou quatre Mulles. Entre ceux de quatre, il y en a dont les trais sont d'vne longueur surprenante, conduits par vn Cocher, ou par vn Postillon, & c'est la marque & le priuilege de ceux qu'ils appellent

Titulados. Les vns & les autres ne sont suiuis d'ordinaire, que d'vn ou de deux Laquais sans liurées, & aussi mal vestus que les Cochers. Les Carrosses des Ambassadeurs sont attelez comme ceux des *Titulados.* On dit qu'ils ont icy plus de priuileges qu'ailleurs; mais ie ne pretens point vous en parler, il me suffit de vous dire qu'ils ne vont iamais à la Cour, si ce n'est pour affaire, & qu'ils se contentent mesme souuent quand ils en ont, de voir vn des Ministres, auquel ils laissent vn Placet. Pour la Cour, comme elle est presque toûjours inuisible, ie n'ay pas encore trouué le secret de la connoistre; ie sçay seulement que les rangs y sont marquez & gardez si seuerement, qu'il est tel Courtisan qui n'approche iamais de son Roy. Celuycy n'a presque personne & se laisse encore moins voir que ses Predecesseurs. La Reyne y sera toûjours renfermée selon la coutume du Païs, jusqu'à ce que les deux années d'aprés la mort du feu Roy, soient expirées. Vn tres-grand nombre de Femmes sont de sa Cour & de son Palais, qui n'en sortent point; & les Filles y sont si fort obseruées, qu'vn Homme mesme qui en auroit fait demander vne en mariage, n'a point d'autre liberté que de la voir au trauers d'vne fenestre grillée, où là les doigts de ces pitoyables Amans font l'office de leurs langues, & où ils s'entendent peut-estre auec plus de plaisir, que s'ils se parloient: Les vnes & les autres sont habillées, comme de tout temps, bien qu'elles soient toutes couuertes d'vne espece de voile qui leur descend jusqu'aux pieds, on ne laisse pas de remarquer qu'elles sont nuës jusqu'au dessous des épaules par derriere: Elles ont presque toutes la teste nuë, leurs cheueux pendans à grosses nattes, & de gros & de longs Pendans-d'oreilles, faits de ruban, ou d'autres babioles. Il y en a peu qui ne soient maigres, & il est tres-rare d'en voir vne qui ait de la gorge; leurs yeux font noirs & pleins de feu, leur visage long de la couleur de leurs yeux ; & les voyant toutes si rouges, ie crus d'abord que c'estoit de la honte d'estre si peu belles; mais l'on m'a desabusé là-dessus, & les pauures Femmes en sont si peu coupables, qu'il n'y en a pas vne qui ne fasse & refasse son teint plus d'vne fois le jour. C'est vne grande perfection pour elles d'auoir les pieds petits, & vn si grand auantage pour vn Amant d'en auoir vn Soulier, qu'il croit toutes ses peines bien payées quand il le peut obtenir. On dit qu'il y a des Femmes de la premiere Qualité qui vont secrettement la nuit se promener dans les Ruës; mais quand cela seroit, quel mal y a-t-il que des Femmes que les Maris laissent bruler chez elles (ne les voyant presque iamais) aillent se rafraischir dehors? Cependant les vents y sont fort à craindre; Il y en a qui ne font rien moins que des demies paralitiques: mais quoy qu'il soit du vent & des Dames, il est constant que celles du peuple ont beaucoup plus de liberté qu'en Italie; car outre que la pluspart d'elles peuuent sortir le jour quand il leur plaist, & qu'elles peuuent parler à tout le monde, c'est qu'vne de ces nuits arriuant de la Campagne, i'en vis vn si grand nombre dans les ruës,

GALANTES. 251
que i'en fus étonné. Comme on m'auoit dit qu'on n'y alloit guere sans danger à ces heures là, ie conceus d'abord quelque crainte pour elles; mais ie ne fus pas long-temps à reuenir de ma frayeur, & à remarquer qu'elles y estoient auec de leurs Amis. Ainsi ie voy bien que tout ce qu'on m'auoit dit de perils, n'estoit qu'vn conte fait à plaisir. Ie mettre si personne y va que pour en auoir, & s'il s'y passe rien que le Mary du monde le plus scrupuleux, ne pust faire honnestement & sans scandale auec sa Femme: C'est comme comme quand on vient me dire que les Espagnols sont faineants, superbes, presom-

ptueux, delicieux & incapables des grandes peines; qu'on me montre quelque Nation qui souffre plus que celle-là, & qui porte ses miseres auec plus de constance & de discretion ? On a beau les voir & leur parler, iamais on ne leur entend dire qu'ils sont malheureux, & il n'y en a point qui auec son épée & son poignard, ne se croye autant & aussi content que son Roy. Cependant les pauures Gens ne viuent que d'aux & d'ognons, ils font vn regal auec vn peu de Chocolat. Vne Perdrix, vne Caille, vn Pigeon, ou quelqu'autre de ces petits pieds que nous auons si communs en France, est pour eux vn Phenix; vn Poisson dans leur Marché, passeroit pour vn Monstre, ou pour vn prodige. Les plus considerables d'entre eux, ne changent pas d'habit vne fois en quatre ans. Leurs plus beaux ne sont que ceux dont nous nous seruions il y a cinquante ans; Vn de nos vieux Chapeaux fait toute leur parure & tout leur ornement. La plufpart ne portent iamais de linge, ou s'ils en portent, il est si méchant, si sale & si vsé, qu'on ne l'employroit ailleurs qu'à faire du papier. On s'imaginera peut-estre que leur magnificence est dans leurs Maisons, & que comme ils sont fort politiques en tout, ils croyent deuoir negliger le dehors, mais non; ie vous protefte que ce qu'ils ont de meilleur, eft toûjours ce qu'ils cachent le moins. Leurs Chambres ne font gueres plus propres que leurs Ruës, vn certain Pot dont ils fe feruent indifpenfablement tour à tour, exhale quelque chofe de fi fâcheux & de fi peu fuportable, que pour n'en créuer pas, il faut eftre éleué dans l'ordure comme eux; & cependant on veut que ces pauures gens foient delicieux, qu'ils foient fuperbes, & qu'ils foient vains. Ie meure fi pour vn liard, ou pour vn morceau de pain, ils ne feroient ce que nous n'oferions penfer : parce qu'ils ont de couftume d'expliquer la

Theologie en langue vulgaire, on les critique, & l'on dit qu'ils ne sont pas sçauans. Autre médisance, il y a peu que m'en entretenant auec dix ou douze personnes d'vne de leurs Vniuersitez, tous me jurerent que c'estoit vne mauuaise consequence, & que c'estoit temps perdu de chercher hors d'Espagne vn veritable Sçauant, & vn parfait Politique. Au reste il y a peu d'autres Nations si Catholiques, & qui ayent tant de foy que celle-cy; Vn Espagnol ne feroit pas scrupule de tuer vn Homme, pourueu qu'il sceut apres pouuoir baiser la manche d'vn Moine; & ces Moines sont trop honnestes, & connoissent trop bien la vertu de leurs Habits, pour faire seulement vn petit semblant d'y resister. Il n'est apparemment pas de leur ordre d'aller à pied, au moins ie les trouue toûjours sur de bonnes & de belles Mulles bien grasses & bien enhoussées; & à les voir si frais, & en si bon estat, ie connois bien qu'ils ont pris la bonne part, & qu'vn bon froc en Espagne, n'est pas vne méchante legitime : Neantmoins ces bons Peres ne sont pas sans peines & sans chagrins; vn de leurs Freres Chirurgiens d'vn des Cõuents de cette Ville, m'a dit qu'il en traitoit plus de douze d'vn certain mal qui les tourmentoit cruellement, & qu'il falloit

falloit loüer Dieu, de ce qu'il n'y en auoit pas dauantage; peut-eftre eft-ce vne médifance, auffi bien que ce qu'on dit de ces pauures Nonnettes. N'eft-ce pas vne grande injuftice? On les grille, on les renferme, on leur ofte jufqu'à l'air & au jour, & on trouue à redire à certains petits empreffemens qu'elles ont pour donner de leurs nouuelles à leurs Amis, & pour en receuoir; qui s'en fçandalife à fon dam, pour elles il n'y va pas de leur faute, elles n'épargnent ny foins ny peines pour faire toutes chofes auec précaution, & il me femble que c'eft bien le moins qu'elles peuuent faire pour des gens qui les

Y

adorent, & qu'elles ne haïssent pas. Ces Critiques qui les condamnent, adjoûtent que pour voir de belles œuures, il faudroit les mettre sous le pouuoir & sous la direction des Moines d'Italie. Autre médisance : quelle nccessité ie vous prie, d'aller déterrer des Moines de si loin ? & pourquoy faire ce tort à la vertu de ceux-cy, qui sont des meilleurs Freres du monde ? mais comme ie respecte veritablement les vns & les autres, ie ne vous en parleray pas dauantage, & ie me contenteray de vous dire qu'vn Homme qui naist en France, est bien aueuglé, lors qu'il va viure & mourir ailleurs. Adieu, ressouuenez-vous que parmy tout cela il y a des Sages, des vertueux & des Sçauans en Espagne comme ailleurs, & que ie suis plus que personne, vostre, &c.

Pour la mesme. De Tolede, & de la meilleure partie des Villes d'Espagne.

Tolede est vne petite Ville sur vne coste, au pied de laquelle passe le Tage. Cordouë, est plus grande: c'est où le Roy d'Espagne tient son Escurie; Elle n'est belle, ny en Cheuaux, ny en Bastimens. On voit en cette Ville vne Eglise bastie par les Maures, d'vne maniere extraordinaire; elle est presque quarrée, peu éleuée & faite en Portiques; de sorte qu'il semble que ce ne soient que Galeries de cent soixante pas de long: Le Chœur est au milieu de tout cela.

Seuille est grande, mais mal peuplée. Le Commerce n'y est plus comme autrefois, la Riuiere n'y estant plus nauigable, à cause du sable qui s'y est ramassé, & du débris des Vaisseaux qui y ont échoüé. De Madrid à Seuille, ce ne sont presque que bruyeres. Les Perdrix & les Lapins n'y sont pas rares.

Cadis, ce Port si fameux, ressemble à ces Marchands

dont le credit surpasse les biens. Il est tres-beau & tres-bon; mais hormy vne vingtaine de Gallions qui sont tous d'Espagne, on n'y voit pas vn Vaisseau. L'Isle a deux lieuës de longueur. Elle est tres-peuplée; les Maures & les Mauresques y sont en grand nombre; ce sont de pauures Esclaues assez mal traitez.

Sainte Marie, est vn petit Port, à deux lieuës de Cadis, qui luy fait grand tort à ce qu'on dit, parce que les Marchands trouuent le moyen d'y sauuer beaucoup de droicts.

Gilbatard est vne petite Ville, aux pieds d'vne des Montagnes qui fut vne des Colones d'Hercule; Elle est fortifiée, son Port est beau & bon : de là on voit Tanger, la Ciüta, le Détroit qui joint les deux Mers & les Costes d'Afrique.

Malaga, aussi bien que Gilbatard, est vn des Ports d'Espagne sur la Mediterranée. On dit qu'il est bon; la Ville est petite & sans murailles. Adieu, Madame, ie vous parleray du reste quand ie l'auray veu : en attendant croyez-moy, s'il vous plaist, autant qu'on le peut estre, vostre, &c.

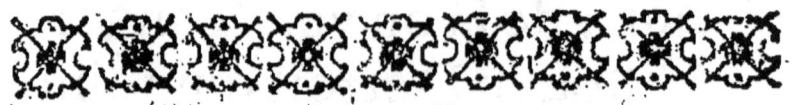

Pour la mesme. De Grenade.

A Moins d'vn miracle, on ne peut grimper tous les chemins qui amenent icy sans se rompre le col. Auant d'y arriuer, nous auons souuent couché sur le paué, & presque toûjours vescu d'vn peu de pain, & de quelques raisins, & le pis que i'y trouue, c'est que nous allons toûjours sur nostre derriere, & toûjours sur le bien d'autruy. Dieu mercy nous coucherons mieux ce soir, & nous pourons manger nostre saoul. Cette Ville est la Capitale du Royaume, &

estimée vne des plus belles d'Espagne. On y arriue par vne Plaine, belle, fertile & bien cultiuée : On y voit quantité de Bastimens faits par les Maures, que l'on peut dire rares & curieux. Le Palais qu'y fit commencer Charles-Quint, court risque de n'estre iamais finy ; le Dessein en est beau ; & l'eau que l'on trouue en quantité sur le haut d'vne Montagne, au pied de laquelle il est scitué, pouuoit donner lieu à de rares & d'admirables beautez. La Chartreuse est bien bastie ; le Cloistre soûtenu de Colomnes de pierre est grand, l'Eglise est jolie & propre, les Ruës de la Ville sont étroites, & les Maisons mediocrement belles.

Cartagene est vn petit Port sur la Mediterranée, seur & gardé des Vents par les Montagnes, mais incommode, n'estant pas possible d'en sortir quand on le veut.

Murtia est la Capitale du Royaume de Murtie; Elle est petite, mais ses enuirons la rendent aimable. On y arriue par vn Valon aussi delicieux qu'il est fertile; vn petit ruisseau l'arrose en mille endroits par l'industrie & le soin de ceux qui l'habitent. De toute l'Espagne, c'est l'endroit de la Campagne le plus peuplé. Les Meuriers blancs, les Orangers, les Citroniers, les Bleds, & les Prez, y font vn mélange charmant. Depuis Cartagene jusques là, on vient par des chemins plains & vnis. On est obligé d'y rendre compte de son argent à la Doüane, d'en payer le droict, & de prendre vn Billet des Commis pour le passer seurement dans le Royaume de Valence.

Alicante n'a rien de remarquable.

Valence, Capitale du Royaume, n'est pas fort peuplée; Elle est grande, & située dans vne bonne & belle Plaine. Ses enuirons sont agreables & fertiles. On dit qu'elle est forte, à cause des eaux dont on peut la baigner; mais ie n'y ay veu que quatre beaux Ponts, & vn Lit admirable & bien reuestu de pierre, sans vne goute d'eau : cela m'a fait croire qu'elle n'y couche pas souuent. La Mer est à demy lieuë de là : Les Orangers, les Citroniers, les Oliuiers, les Vignes, & les Bleds, y sont tres-communs : Toutes les terres y sont parfaitement bien cultiuées. Adieu, Madame, apres vous auoir tant parlé de toutes choses, i'espere en peu de temps vous pouuoir parler de moy, & des tres-humbles respects que i'ay pour vous.

De Barcelone. A la mesme.

ON parle icy vn jargon meslé de Castillan, de François, d'Italien, & de toutes les Langues. La Ville est gardée d'vn costé par la Mer, & des autres par vne ceinture de Murailles, & quelques especes de Bastions. Vne Montagne qui la commande, a vn petit Fort pour la garder. Elle n'est pas beaucoup peuplée. Les Gentilshommes y ont des droicts considerables ; pour quoy que ce soit, on ne peut les mettre en prison. Vn Euesque en mourant, ne peut

GALANTES. 269
rien laisser à ses heritiers. Le Pape qui en doit heriter, y a ses Officiers établis pour receuoir sa succession.

Tortose & Taragone, par où l'on passe auant d'y arriuer, sont fortifiées. Leur situation y contribuë fort, & ie ne sçay combien de petits ouurages de terre les rendent fort meurtrieres.

Montsara; hé, Madame, que i'y ay eu grande peur! A moins que d'estre Chevre, on ne peut aller sans peril visiter les Hermitages par les chemins où l'on m'a fait passer : Ils sont sur vne Roche tres-haute & toute escarpée, à moitié de laquelle on voit vn tres-grand & tres-beau

Z iij

Conuent, où demeurent quantité de Religieux, qui ont soin de douze Hermites, dont les Cellules sont diferentes, situées en diuers endroits du Roc. Il y en a qui semblent n'y tenir presque pas. Ie ne vous dis rien ny de la sainteté de ce Lieu, ny de la vertu de ceux qui l'habitent ; son nom & sa reputation vous en apprennent assez.

Giron est assez grand : Ses Boutiques sont assez bien asforties ; cela marque qu'on s'approche de France.

Gionchaire, & Figuaire, sont les deux derniers Bourgs qui appartiennent au Roy d'Espagne. Ils sont extrémement seueres pour la Doüane.

Le Col de Pertuy est de France; Vn petit Fort qu'a le Roy sur vne Montagne, l'en rend le Maistre. On ne sçauroit croire, sans le voir, qu'vn Carosse puisse passer de pareils chemins; aussi faut-il presque toûjours le porter à force de bras. Cela veut dire, Madame, que ie suis en France, & que i'auray bientost l'honneur de vous voir juger de ma joye, & du plaisir que ie me fais d'y penser.

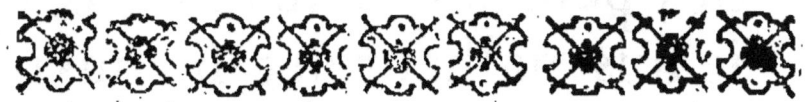

Pour Carite, quelque temps apres, partant pour l'Armée.

AV moins, mon adorable M.... si ie pouuois vous quitter comme le reste des Gens que i'aime, & qui doiuent m'estre les plus chers? Mais que ie vous quitte comme si ie perdois toutes choses, & comme si ie n'auois iamais commencé à vous aimer parfaitement que d'aujourd'huy, c'est ce que ie ne puis comprendre, & c'est ce qui me fait mourir. Que vous estes à plaindre, si vous sentez vn peu des peines que ie sens ! & que ie suis malheureux, si vous n'en sentez point ! Mais à quoy bon ces sortes de reflexions, qu'à m'affliger ? & qu'importe ce que vous soyez pour moy, pourueu que ie sois ce que ie dois estre pour vous ? & qu'aimant la plus aimable Personne du monde, ie sois le plus veritable & le plus passionné de tous les Amans. Adieu mille fois, Madame.

Pour la mesme. Réponse.

IE voy bien que vous auez jugé de l'état où i'estois, par celuy où ie deuois estre,

& que sçachant que ie vous auois quittée auec des tourmens qui deuoient me faire mourir, c'estoit le moins que i'en fusse malade. Dieu mercy, ie ne l'ay point esté, & ie comprens bien (à present que i'ay receu de vos nouuelles) que cette langueur & cette oppression cruelle de cœur qui me tuoit, n'estoit que la suite du plaisir que i'auois eu à vous voir, & le contrecoup de vos inquietudes & de vos doutes. Que i'en suis indigne, & que ie les meritois peu ! quand ie pense qu'aux mesmes momens que vous les souffricz pour moy, il ne s'en passoit guere que ie ne vous condamnasse, & que ie ne crusse raisonnablement pouuoir me plaindre de vous. Que ne cesse-t-on de s'aimer, quand on ne peut plus se voir? ou que ne se voit-on sans cesse, quand on s'aime toûjours? Adieu, Madame, ne vous allarmez plus desormais pour vn malheureux qui ne le merite pas, & à qui le repos & la santé deuiendroient odieux, s'il croyoit qu'il vous en coutast la moindre peine.

Pour la mesme. Du Camp de ***.

GRaces à ma sincerité, ie n'auray pas grande chose à vous mander cette Ordinaire. Vn autre vous parleroit de Doüay, & vous décriroit des tranchées, des lignes, des attaques, des sorties, des perils, des bleſſez, des morts, des mourans, & tout ce qu'on a de coûtume de faire & de ſouffrir à la guerre : mais moy ie veux vous dire ingenûment, que nous ne faiſions rien que nous repoſer depuis que le Roy a quitté l'Armée. Noſtre Camp eſt des plus agreables qu'on ſçauroit voir ; on y boit, on y mange, on y dort, on y jouë, on s'y viſite ; mais à tous ces paſſe-temps, il y manque ie ne ſçay quel aſſaiſonnement, que rien n'y ſçauroit mettre que l'air de Paris, ou celuy de ſa Maiſtreſſe. Chacun y raisonne à sa maniere, & diferemment (toutes les raisons ne se ressemblans pas:) mais tout ce que ie vous puis dire, c'est qu'il en sera ie croy de la brauoure comme de l'esprit, qu'on commence à méprisez, parce qu'il deuient trop commun. Adieu, Madame; priez Dieu que ie puisse vn jour vous parler plus au long de cette Campagne, & du plaisir que i'auois à me trouuer tout seul en ma Tente, afin d'y pouuoir agreablement penser en vous.

Du Voyage d'Angleterre, que i'ay fait longtemps auant les autres. De Londres: Pour Carite.

I'Arriuay dans cette Ville il y a quelques jours, apres auoir passé le trajet de Mer auec quelques maux de cœur, & vn peu de frayeur. Les Ostendois nous suiuirent la meilleure partie de la nuit, & ie ne sçay s'ils ne nous auroient pas pris enfin, & tenus huit jours dans nostre Vaisseau, comme ils firent il y a peu quelques Passagers, dont ils dépouillerent vne partie, & emmenerent l'autre, sans qu'heureusement ie m'auisay de faire tirer vne petite Piece d'artillerie que nous auions dans nostre Bastiment, au bruit duquel vne Fregate Angloise qui croisoit la Manche, vint aussi-tost à nous. Les Maisons que i'ay veuës en venant icy, ont autant de vitres que de pierres; & comme l'étage de dessus auance plus que celuy de dessous, le troisiéme y est beaucoup plus grand que le premier. Depuis Grauezinde où est l'embouchure de la Tamise, jusques à Londres, c'est vne suite continuelle de Maisons, & vne si surprenante quantité de Vaisseaux de Mer de toutes façons, & tant de

Gens qui en fabriquent encore, que cela ne se peut croire, si on ne l'a veu. Cette Ville est tres-grande & belle; on y voit, comme à Paris, quantité de Gens, de Carosses, & de Charettes. Elle est beaucoup plus longue qu'elle n'est large, la Riuiere la bornant d'vn costé. Ses Maisons y sont fort éleuées & assez belles : Cependant, hormis l'Hostel de Sommerset, ie n'y en ay point encore remarqué de magnifique. La Place du commun Iardin, où logent d'ordinaire les François, est belle, & faite à la maniere de celle de la Place Royale de Paris, hormy qu'elle n'est pas acheuée dans son quarré, &

qu'elle

qu'elle est moins superbe. Il y a vn Lieu qu'on appelle la Nouuelle Bourse, qui n'est autre chose que deux Galeries l'vne sur l'autre, où l'on vend du Ruban, des Bas de soye, des Gands, & cent bagatelles. Celle qu'on appelle la Vieille Bourse, est quarrée & plus belle : c'est le Lieu où s'assemblent tous les Marchands enuiron sur le midy, & où ils traittent de leurs negoces & de leurs affaires. Il y a si peu de Fontaines en cette Ville, & celles qui y sont, s'y voyent si peu, à cause de la maniere dont elles sont faites, que i'y i'y ay pensé mourir de soif. Mon Valet, qui est de l'humeur des Hommes & des

Femmes de ce Païs, qui n'en boiuent iamais, ne se mettoit guere en peine, si ie ne pouuois boire autre chose; & ie croy qu'il s'imaginoit que ie n'estois iamais alteré, parce qu'il estoit toûjours saoul. Serieusement, ie ne sçauois plus à qui recourir, ne pouuant me faire entendre; & ie croy que i'en serois allé chercher en l'autre Monde, si ie n'auois esté rendre mes deuoirs à Monsieur nostre Ambassadeur, qui me retint à disner, & qui m'en ayant fait donner de bonne, m'instruisit des moyens d'en auoir d'autre. Les Boutiques sont icy grandes & belles: celles des Libraires y sont, me semble, les plus communes. Vne Françoise, pour y auoir pris vne paire de Bas, eust esté obligée, selon la coûtume, à payer tout ce que le Marchand auoit perdu toute l'année, si on n'eust accommodé promptement cette affaire. Le Palais où loge le Protecteur, n'est qu'vne confusion de Bastimens faits à diuerses reprises, sans ordre, & sans cimetrie. Rien ne m'y a paru beau que la Salle où l'on traitte les Ambassadeurs. Le Parc où l'on fait le Cours l'Eté, & la Riuiere, entre lesquels est basty le Palais, rendent sa situation fort belle. De toutes les Eglises que i'y ay veuës, il n'y en a que deux considerabies ; celle de Vvestminster, où est la Sepulture & les Tombeaux superbes des Roys d'Angleterre, & celle de Saint Paul, qui sert à present de Corps de garde & d'Ecurie aux Soldats & aux Cheuaux des Troupes du Milord Protecteur. Nostre Religion y est aussi cruellement traittée que si elle estoit aussi meschante que toutes les autres qu'on y souffre : Cependant elle y subsiste au milieu des potences & des gibets, par le moyen des Prestres & des Religieux zelez, qui sous l'habit de particuliers, prenent le soin de la cultiuer & de la secourir. Adieu, Madame ; quand ie feray mieux inſtruit, ie vous le feray ſçauoir: En attendant, faites-moy la grace de me croire autant que ie le ſuis, voſtre, &c.

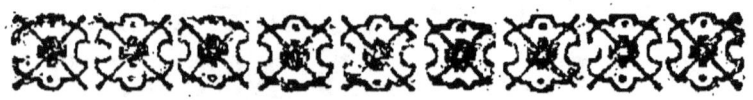

De Londres. Pour la meſme, à qui ie mande ce que ie ſçay de la Ville, des Habitans, & du Protecteur.

LEs Anglois viuent fort retirez, & n'ont preſque pas de ſocieté auec les Etrangers. Il y a icy, comme ailleurs, des faineans, des pareſſeux, des orgueilleux, & comme dans les autres Villes, des ames bien faites. Les Perſonnes de qualité qui ont veu les Païs étrangers, y ſont honeſtes, ciuils, & obligeans. Le Peuple n'eſt pas de meſme; quelque ciuilité qu'on ait pour luy, on attire rarement la ſienne: pour l'adoucir, on dit qu'il faut le traitter ſeuerement, & que rien ne luy oſte ſi bien le courage, que de luy en témoigner: Cependant il eſt naturellement hardy, & la brauoure des Soldats de ce Païs-icy va juſqu'à la brutalité. Ils ne portent point d'épée ordinairement, & à peine s'en trouve-t-il vn en deux cens qui en ait vne. I'en ay veu qui l'ont quittée pour ſe gourmer, ou pour mieux dire pour se luiter ; car le plus fort, ou le plus adroit, ayant jetté l'autre à terre, luy donne le temps de se releuer, & recommence de nouueau à le colleter. Les Artisans n'ont pas vn plus grand plaisir que celuy de censurer les grands Seigneurs, & de boire: Ils croiroient auoir perdu leur journée, s'ils n'en auoient passé la meilleure partie au Cabaret ; ils n'en sortent guere, sans estre insolens, & sans estre prests à faire niche à vn Etranger. La plufpart des Hommes, de quelque rang qu'ils soient, ont pour le moins vne Maistresse au sçeu de leurs Femmes. Pour elles ie ne les croy pas assez sottes, pour faire confidence à leurs Marys des Amans qu'elles ont. Elles viuent auec vne tres-grande liberté, & peut-estre auec beaucoup de sagesse. Quelques-vnes fument volontiers, & ne se font pas trop prier pour aller au Cabaret; & si elles sont toutes honestes, on leur fait grand tort. On se diuertit souuent à voir des Combats de Taureaux & de Chiens. Ils en ont d'Hommes aussi, & ce sont des especes de Gladiateurs, dont les coups ont plus d'apparence que d'effet, & qui se terminent toûjours à quelque meurtrissure, ou à quelque goute de sang, qu'vn Chirurgien qui est là tout exprés, prend grand soin d'arrester.

d'arrester. Ils ont aussi des Courses de Cheuaux, mais si celebres, qu'vne grande multitude de Noblesse s'y assemblant, on y voit des gajeures de plus de cinquante mille écus, à ce qu'on m'a dit. On aime en ce Païs-là la Paume, le Ieu & la Chasse: les Chiens courans y sont communs, ils les nourrissent de Cheuaux ou d'autres charognes qu'ils font secher au Soleil. Ils se seruent de leurs meilleurs pour la Chasse, & des moindres pour les Voyages. On y voit des Gens galants comme ailleurs, & d'autres qui ne le sont pas. La Pierre, le Fer, le Plomb, l'Etaing, le Charbon de terre, le Plastre, les Bestiaux, les

Laines, les Bleds & les Pasturages, y sont communs, & hormy le Vin & le Bois, tout s'y trouue auec assez d'abondance & de facilité. Les Capitaines de Vaisseaux ont desarmé depuis quelques jours, & protestent de ne plus seruir, s'ils ne reçoiuent de l'argent du Protecteur, mais les Peuples ne luy en donnent point sans le consentement & l'authorité du Parlement, & apparemment ils ne sont plus bien ensemble, puis qu'il retourne de le casser. Ie meure s'il n'a fait peur à plus de quatre des plus hardis Senateurs en entrant dans leur Chambre. N'ayant pas trouué l'Epée de Iustice qu'on porte d'ordinaire deuant luy, il a mis la sienne à la main ; & apres leur auoir remontré par vne belle Harangue le pouuoir qu'ils luy ont donné, & la necessité de conseruer la Paix dans le Royaume, de peur de la perdre auec les Etrangers, il leur a ordonné de se retirer. Comme ie n'entends point la Langue du Païs, ie ne puis vous instruire dauantage de ce qu'il leur a dit ; mais ie puis vous asseurer que le Parlement a quitté la partie, & que i'ay veu disner aujourd'huy le Protecteur auec sa Famille & vn Senateur. Tous ses Mets sont de grosses & grandes pieces de Bœuf, de Veau, &c. Ses Gardes sont vestus d'vn drap gris auec vn gallon d'argent bordé d'vn velours noir; ce sont eux qui portent les Plats sur sa table. Ie me suis étonné d'y voir venir le Protecteur (cet Homme qu'on vante & qu'on craint si fort par tout, hormy en France) auec vn habit gris & vn manteau noir, & de le voir lauer comme les autres dans vn bassin plein d'eau, où il sausse ses mains, comme les petits Enfans lors qu'ils y patroüillent. Il y auoit vne place entre luy & sa Femme : Elle & vne de ses Filles, affectoient fort de rire ; le Protecteur ne paroissoit pas en auoir enuie; mais i'auouë qu'il me l'a donnée quand ie luy ay veu aporter à boire sur vne souscoupe, sur laquelle il y auoit du sucre, vne cüilliere, & vne pomme cuite auec sa peau, la cendre & les charbons; apres auoir broüillé tout cela ensemble, il l'a aualé comme quelque chose de bon. La plus jeune & la plus jolie de ses Filles, m'a parlé François, & demandé des nouuelles de mon Païs. Le bruit court qu'elle n'est pas parfaitement saine, & que ses faueurs pourroient estre dangereuses; mais ie meure si elle n'est faite d'vne maniere à faire mettre vn Homme à tout hazard. Ie ne vous dis rien des Maisons Royales; le froid, la neige, & le mauuais temps, m'ont empesché d'aller les voir. Ie sçay seulement qu'elles n'ont point cette magnificence de celles de nostre Monarque : Celles des Gentilshommes ne sont pas bien basties. Ils enuoyent d'ordinaire prier vn Etranger qu'ils sçauent logé dans vne Hostelerie, de prendre vn appartement chez eux, & c'est à ce qu'on dit les desobliger, que de les refuser ; mais comme il y faut boire & fumer, ie m'en suis dispensé le plus souuent & le plus honnestement que i'ay pû : A peine sont-ils leuez de table, qu'on y apporte de la chandelle, des pipes & du tabac, & c'est vn passe-temps de trois ou quatre heures, pendant lesquelles on ne parle presque point, & où tout s'en va en fumée. Les Femmes ne m'y ont pas paruës si belles que ie les croyois; elles auroient besoin de rouge & de dents, & ie trouue que leur teint & leur taille ressemblent trop à nos Poupées du Palais, pour estre charmantes. Dans tous les quartiers de la Ville on trouue des Carrosses qui menent où l'on a affaire, moyennant douze sols par heure; & sur la Riuiere vne grande quantité de petits Bateaux couuerts & assez propres, qui vous portent d'vn bout de la Riuiere à l'autre, ou qui la trauersent selon qu'on le desire. Comme la Ville est tres-longue & tres-peu large, on se peut aisément

& agreablement servir de l'vne & l'autre voiture. Oxford est vne Ville éloignée de celle-cy de deux journées: Elle a dix-sept ou dix-huit Colleges, tous beaux & bien bâtis. Il y en a qui possedent, à ce qu'on m'a dit, plus de cinquante mille liures de rente. On peut voyager en tout ce Royaume icy auec seureté; les Voleurs n'y pouroient subsister sans estre pris, parce qu'au moindre bruit les Païsans se mettent en Campagne. Personne n'y porte de pistolets que les Etrangers, ceux du Païs n'en ayant pas la liberté. Mais, Madame, ne vous diray-je iamais que des bagatelles? & seray-je encore long-temps

sans vous entretenir de moy-
mesme, & sans vous parler de
toutes les impatiences où vostre absence m'a mis, & de
cette forte & tendre passion
que vous auez si raisonnablement allumée dans le cœur de
vostre, &c.

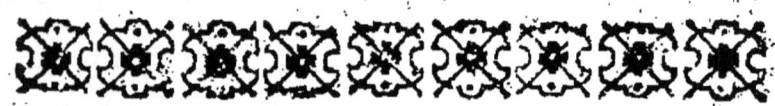

De Lisl... Pour M*** Religieuse.

J'Oubliay, quand j'eus l'honneur de vous voir, à vous
remercier du magnifique Present que j'ay receu de vous,
Madame. Ce n'est pas que je
ne m'en sois ressouuenu mille
fois depuis que vous me l'a-
uez fait, & que je n'en aye

toute la reconnoiſſance imaginable; mais le moyen de n'oublier pas toutes choſes quand on vous voit ? I'eſperois m'en acquiter mieux le jour de voſtre Feſte, & qu'il n'y auroit pas juſqu'à mes Cheuaux qui ne retournaſſent ſaouls de vos Confitures: mais qu'ils en ſeront loin dans ce temps là ! & que ma deſtinée en ordonne bien autrement! De bonne foy, y a-t'il rien de plus odieux & de plus inſupportable que le monde ? Peut-on l'aimer quand on le connoiſt ? Et n'eſt-il pas vray que tout ce qu'il a d'agreable & de plaiſant, dégouſte preſque toûjours, & ne contente iamais ? Quelle difference de ce chien de bizarre, à la Religion, dont les regles sont toûjours si constantes & si raisonnables ? Qu'elle est aimable, & que vous deuriez l'aimer! Mais à quoy bon me rompre la teste à vous prescher vne verité que vous ne croiriez pas? Ie gagerois que vous estes aussi peu satisfaite de vostre estat, que ie le suis peu du mien, & que vous & moy sommes assez malheureux pour ne le poüuoir ny souffrir, ny changer. (Que cela soit, s'il vous plaist, dit entre nous, Madame;) toutes les veritez ne sont pas bonnes à dire; & quelque mauuais jeu qu'on ait, il est de gens prudens comme nous, de faire toûjours bonne mine:

Cependant ie n'en ay pas pour vn double à l'heure qu'il eſt. On remet à mon choix d'aller à... ou de n'y aller point. Ie ne ſçay quoy me dit de reſter icy: Vn autre je ne ſçay quoy me dit de n'y reſter pas. En dépit des je ne ſçay quoy, ou que ne s'accordent-ils enſemble, ou que ne m'accorday-je mieux auec eux? Adieu, Madame, priez, s'il vous plaiſt, Noſtre Seigneur pour moy; ou ſi vous voulez, ne le priez pas, auſſi bien il me ſemble que c'eſt tout vn.

De Lisl... apres mon retour de l'Armée. Pour Carite, qui m'ordonnoit de luy mander où i'estois, & ce que ie faisois.

OV ie suis, & ce que ie fais ? Madame,
Ie murmure, ie me plains, ie languis, ie soûpire,
Ie suis absent de vous, n'est-ce pas tout vous dire ?
Mais pour répondre plus précisement à ce que vous m'ordonnez ; vous sçaurez que ie m'imagine estre perdu dans le plus beau de tous les Païs, depuis que i'ay quitté Paris. I'y passe ma vie aussi seul & aussi

melancolique, que si ie n'estois pas à vne lieuë de la Loire, & voisin de trois ou quatre fort jolies Villes; C'est au pied d'vne petite Coste fertile & diuersifiée, où l'on bâtit autrefois à diuers temps deux grands Corps de Logis, au milieu des prez, des bois, & des eaux. Deux Tours d'vne grosseur & d'vne hauteur extraordinaire, font vne partie de la beauté du plus nouueau: bien qu'il ne soit ny moderne, ny regulier, il ne laisse pas d'estre superbe : ses appartemens sont tres-grands, & l'on en voit peu parmy les plus beaux, qui sans le secours de l'Art & de ses ornemens, les surpassent ou les égalent. La

Riuiere qui arrose cette Maison, semble en quitter précipitemment vne tres-grande & tres-voisine, pour venir embellir celle-cy ; & comme si elle ne se sentoit pas assez grosse & assez belle pour luy plaire & pour luy estre vtile, on la voit cherchant & tournoyant tantost à droit, tantost à gauche, & ne se montrer iamais plus agreablement, que quand il semble qu'elle va se perdre ou se cacher. C'est à sa porte, où comme si elle n'estoit faite que pour elle, toutes ses eaux se grossissent & s'assemblent, & où vne partie s'en va, suiuant son cours, arroser vn jeune & agreable Bois, qu'elle separe du Logis, pen-

dant que l'autre s'en dérobe pour aller diuiser les champs, les prez & les jardins, & porter en tous ces lieux, auec les beautez de l'Automne, vne merueilleuse quantité d'herbes & de fleurs: Aussi est-ce en tous ces endroits, où comme si elle estoit toute fiere des beautez qu'on luy commet, elle se montre par tout agreablement, & où comme si elle vouloit marquer sa diligence & ses soins, elle fait toûjours entendre selon la pente ou l'opposition qu'elle trouue, de tres-doux & agreables bruits. C'est elle qui nourrit & qui conserue vne grande quantité d'Arbres negligemment plantez sur ses bords, & qui se faisans
quelquefois

quelquefois voir au trauers de leur distance & de leur inégalité, representent auec le secours des champs voisins, de ces perspectiues qui enchantent les yeux, & que tout l'Art ne sçauroit imiter. C'est le Lindre enfin qui donne mille agrémens à cette charmante Maison, & qui fait en sa faueur ie ne sçay combien de petites Islettes, seulement pour en embellir vne. Mais, Madame, ce qui m'y paroistroit parfaitement agreable, si ie ne vous auois iamais veuë, c'est que le silence y regne presque toûjours, & qu'il n'y est interrompu que du chant des Oyseaux. On y a point à souffrir du bruit & de l'affluence importune qui se trouue dans les Villes, & qui ne va presque point sans desordre & sans confusion. Tout ce qui s'y voit de plus majestueux est toûjours humble, & toûjours sans vanité. Les Festes & les Ieux s'y celebrent auec autant d'innocence que de douceur ; & l'Amour, qui est d'ordinaire si bizarre & si cruel ailleurs, y est si traittable & si doux, que comme si vn cœur estoit toûjours l'écho d'vn autre, on ne dit iamas

Ie vous aime,
Sans entendre dire de mesme.

La nuit n'y separe iamais vn Amant de sa Maistresse, que l'Aurore ne les rassemble ; & leur peine quelque sensible qu'elle soit, n'y sçauroi estre longue.

A peine le jour naist, qu'il vient la soulager,
Et rendre au Berger sa Bergere;
Ah! que ne suis-je Berger!

C'est à la Campagne où l'on ne dit que ce que l'on pense, & où l'on croit tout ce que l'on dit. Le poinct d'honneur n'y allume ny trouble, ny guerre: L'auarice ny l'ambition ne s'y arrestent iamais: Les Peuples pensent bien plus à contenter leur Roy, qu'à meriter ses faueurs & à partager son authorité; & les passions y sont si veritablement mortes ou assoupies, que tout s'y fait auec aussi peu de violence que de finesse & de mal. C'est icy, Madame, où la simplicité regne; où la justice &

la bonté, si corrompuës par tout ailleurs, se conseruent encore; où les plaisirs se gouftent sans mélange, où la paix & la douceur habitent, où le trauail tient lieu d'vn agreable repos, où l'on ne sçait ce que c'est de perils & d'écueils, où l'on n'entend iamais parler des Indes & du Perou, qui coustent la vie à tant de gens, où les pauures regardent sans enuie l'esperance d'vne abondante moisson; où les riches n'aiment & ne desirent du bien que pour contenter leur Prince, où le son d'vne flute ou d'vn haut-bois diuertit tout vn Peuple, où la Nature étale & conserue ce qu'elle a de plus rare & de plus pur; & c'est enfin, Madame,

Où cent petits Oyseaux de diferens plumages,
Font entendre à la fois cent diferens ramages;
Où les Bergers & leurs Troupeaux,
Peuuent le long des eaux
Contenter leur enuie;
Et c'est en cet aimable & rauissant séjour,
Où tout trouue la vie,
Cependant que i'y meurs de douleur & d'amour.

FIN.

www.ingramcontent.com/pod-product-compliance
Lightning Source LLC
Chambersburg PA
CBHW060630170426
43199CB00012B/1503